당신의 마음에
빛이
비치기를

당신의 마음에
빛이 비치기를

번아웃, 무너진 자리에서 피어난 위로

초 판 1쇄 2025년 08월 19일

지은이 김세희
펴낸이 류종렬

펴낸곳 미다스북스
본부장 임종익
편집장 이다경, 김가영
디자인 윤가희, 임인영
책임진행 안채원, 이예나, 김요섭, 김은진

등록 2001년 3월 21일 제2001-000040호
주소 서울시 마포구 양화로 133 서교타워 711호
전화 02) 322-7802~3
팩스 02) 6007-1845
블로그 http://blog.naver.com/midasbooks
전자주소 midasbooks@hanmail.net
페이스북 https://www.facebook.com/midasbooks425
인스타그램 https://www.instagram.com/midasbooks

ⓒ 김세희, 미다스북스 2025, *Printed in Korea.*

ISBN 979-11-7355-371-4 03810

값 19,500원

※ 파본은 구입하신 서점에서 교환해드립니다.
※ 이 책에 실린 모든 콘텐츠는 미다스북스가 저작권자와의 계약에 따라 발행한 것이므로 인용하시거나 참고하실 경우 반드시 본사의 허락을 받으셔야 합니다.

미다스북스는 다음세대에게 필요한 지혜와 교양을 생각합니다.

번아웃, 무너진 자리에서 피어난 위로

당신의 마음에
빛이
비치기를

김세희

미다스북스

"존재로 빛나는
_____ 님께 드립니다"

추천사

*"쉼 없이 달려온 당신에게
꼭 필요한 응답과 지도 같은 책입니다."*

현대를 살아가는 우리는 의식하든 아니든 '번아웃'이라는 낯설지 않은 벽과 마주하게 됩니다.
한때는 열정이었고 의미였던 일들이 어느 날 무게와 피로 그리고 공허함으로 다가올 때, 우리는 문득 "나는 왜 이렇게까지 지쳤을까?"를 묻게 됩니다. 이 책은 바로 그 질문에 응답합니다.

저 역시 남편이자 아빠, 목회자이자 기업 대표와 교수로 30년간 다양한 역할을 동시에 감당하며 살아왔습니다. 그 여정 속에서 저자의 이야기에 깊이 공감했고, '쉼'은 무능이 아니라 자기 자신을 '존중'하는 고귀한 선택이라는 생각에 동감합니다. 저자의 회복이 담긴 여정 그리고 실제적 삶에 적용할 수 있는 Tip과 루틴이 지친 마음을 일으키고 새로운 인생의 설계도를 그리는 데 큰 길잡이가 되어줄 것입니다.

이 책은 워킹맘분들만 위한 책이 아닙니다. 가정과 일을 동시에 감당하며 살아가는 모든 분, 청년부터 노년까지, 지금도 묵묵히 하루를 최선으로 살아내는 당신에게 드리는 깊은 위로의 선물이자 다시 걷게 하는 회복의 지도입니다. 자신을 만나고 존중하는 지혜를 솔직하고 부드럽게 건네는 아름답고 실천적인 이 책을 적극 추천합니다.

― 사단법인 함께하는 가정운동본부 대표 **박희철**

"치열함 속에서 건져낸 삶의 문장들"

이 책은 단순한 이론서도 그저 번아웃을 겪은 한 사람의 기록만도 아닙니다.
견딘 자만이 쓸 수 있는 문장, 삶의 고비를 지나온 이만이 꺼낼 수 있는 깊이 있는 고백으로 가득합니다.

리더이자 엄마로서 치열하게 살아낸 시간을 통해 저자는 조용히 묻습니다.
"당신은 지금 어디에 있나요? 잘 숨 쉬고 있으신가요?"
그 질문은 부드럽게, 때론 울컥하게 우리의 마음을 흔들며 내면 깊은 곳을 두드립니다.

아파본 사람만이 가질 수 있는 따뜻한 시선으로 세상을 바라보는 저자의 진솔한 문장들이 그래서 더 오래도록 마음에 머뭅니다. 수많은 역할 속에서도 자신의 목소리를 끝내 놓치지 않고 다시 '나'를 찾아가는 여정을 통해, 그녀는 우리 모두에게 쉼의 가능성과 회복의 시작점을 건넵니다. 이 책을 손에 쥔 당신도 어느 순간 이렇게 속삭이게 되리라 믿습니다.
"나도 이제 진정한 나로 살고 싶다."

– 국제코치연맹 공인 코치 · 장로회신학대학교 겸임교수 **정 진**

"당신만의 진짜 계절이 이 책에서 시작됩니다."

저는 20년간 만난 분들에게 자신만의 고유하고 자연스러운 빛을 찾고, 진정으로 하고 싶은 일을 결정하며 살아가도록 돕는 일을 해왔습니다. 그 과정에서 한 가지 분명하게 깨달은 사실이 있습니다. 진정한 변화는 '깊은 겨울'을 맞이한 사람에게 찾아온다는 것입니다.

인생의 계절 중 겨울은 차갑고 막막합니다. 아무리 애써도 앞이 보이지 않고, 내가 잘못 걸어온 건가, 그간의 노력이 헛된 것은 아닌지… 모든 것이 멈춘 듯 답답하게 느껴집니다. "앞으로 어떤 삶을, 어떤 일을 해야 할까?"라는 깊은 고민에 빠집니다. 하지만 역설적으로 바로 그 겨울이 새로운 시작을 준비하는 가장 소중한 전환점입니다. 그곳에서 비로소 '내 것'과 '내 것이 아닌 것'을 분별하고, 그동안 놓쳐 버린 내 안의 진짜 목소리를 듣게 됩니다.

번아웃은 끝이 아니라, 다음 계절로 건너가기 위한 필수 관문입니다. 저자 역시 자신의 겨울 한복판에서 과거를 돌아보고, 삶과 일의 초점을 다시 맞추며 새로운 길을 열었습니다. 이 책은 지금 인생의 겨울을 지나고 있는 당신을 위한 책입니다. 당신이 자신의 계절을 알아차리도록, 그리고 머지않아 찾아올 봄을 준비하도록 부드럽게 말을 겁니다. "사랑하라, 그리고 하고 싶은 일을 하라." 그 길을 향해 나아갈 당신에게 이 책을 적극 추천합니다.

– 사하라라이프 대표 **나요한**

프롤로그
"아픔이 반짝이는 의미가 되기를"

어느 날, 몸과 마음 그리고 영혼이 모두 와르르 무너졌습니다.

그건 갑자기 찾아온 붕괴가 아니었습니다.
어쩌면 이미 알고 있었지만, 모른 척했던 당연한 결과였을 것입니다.
멈출 수 없이 반복되는 상황과 열정적이고 성실한 성향이 만나, 제대로 쉬지 못한 채 달리고 또 달렸습니다.
쉼에 대한 간절한 바람보다, 그럴 수 없는 현실의 힘이 더 강했습니다.
해야 할 일들은 산처럼 높이 쌓였고, 그 끝은 수평선 너머까지 이어지는 듯 아득하게 느껴졌습니다.

삶 전반이 인내로 점철되었고, 그 끓는점은 꽤 높았습니다.
하지만 마이너스가 되어 버린 에너지는 한참을 찾아도 보이지 않았습니다.
결말이 가혹하리만큼 초라해 보였습니다.
허무와 분노가 쓰나미처럼 덮쳐 왔습니다.
초토화된 곳에서 엎드린 채, 아픈 마음을 끌어안고 그저 울 수밖에 없을 때 펜을 들었습니다.

글을 쓰다 문득 떠올랐습니다.
어둠 짙은 밤하늘 아래, 아파하고 있는 분들이 있겠구나.
캄캄한 방 한편에서 홀로 눈물 흘리는 분들이…
하지만 감정과 경험을 솔직하게 꺼내놓는 건 용기가 필요했습니다.

그때 한 분이 이렇게 말했습니다.
타인의 마음을 치료하는 한 정신과 의사가 자신의 고통을 고백했을 때,
오히려 마음 아픈 분들이 더 큰 위로를 받았다고요.

저의 아프고 괴롭고 슬픈 고백이 세상에 단 하나뿐인 당신에게 공감과 위로 그리고 다시 일어설 힘으로 닿기를 바랍니다.
그거라면 이 글의 의미는 충분할 것 같습니다.

존재 자체로 빛나는 당신,
부디 너무 오래 아프지 않기를.
너무 애달프지 않기를 바랍니다.

저의 아픔이 당신에게 반짝이는 의미가 되기를.
당신의 눈물이 또 다른 누군가에게 포근한 빛 하나로 다가가기를 소망합니다.

2025년 8월
가장 좋아하는 계절, 여름에
당신의 행복한 미소를 바라며

김세희

목차

추천사 007
프롤로그 010

1장
열심히 살면
제법 근사할 줄 알았어

1 '열정'은 나의 정체성 019
2 마지막에 웃는 자가 승자 026
3 참는 자에게 복이 올 거야 032
4 '리더'라는 왕관의 무게 038
5 행복에 정점이 있다면 045
6 반전을 반기지 않는 편입니다만 051
7 엄마라는 낯선 이름 앞에서 058
8 꿈에 다가가고 싶었을 뿐 063

부록 1 번아웃 자가 체크리스트 069

2장
모르는 사이,
조금씩 무너지고 있었다

1 달리고 또 달리고 계속 달리고 073
2 취미가 족쇄가 될 때 078
3 여자 목사는 처음 보시나요? 083
4 이렇게까지 하는 이유 090
5 달콤한 웃음에 홀린 게 분명해 096
6 참 피곤한 스타일 103
7 확실한 보상이 있나요? 108
8 나올 수 없는 늪 위에서 113

부록 2 '나' 탐색 시트 119
— 나에게 돌아가는 길

3장

이게 번아웃이라고요?

1 시한폭탄이 된 마음 123
2 진심의 결과가 아무것도 아니라니 127
3 죽을 것 같아서 쉬는 거예요 131
4 감정의 유효기간 137
5 나, 숨 좀 쉬고 올게 142
6 아무것도 하지 않을 자유 149
7 허무와 분노의 롤러코스터 154
8 번아웃 태풍 속에서 잃어버린 나 159

`부록 3` 번아웃 회복 루틴 165

4장

잃어버린 조각들을 찾아서

1 동굴 속, 홀로 만난 작은 숨결 169
2 게으름과 친해지려는 중입니다 174
3 쓸모없음 속에서 자라는 것들 179
4 인싸 할머니를 본받아서 185
5 너는 그렇게 살지 마 191
6 must가 아닌 like를 따라서 196
7 뜻밖의 선물 같은 천사들 203
8 더 넓은 세상으로 내딛는 발걸음 208

`부록 4` 추천 음악과 도서 3선 213

5장

친애하는 안식년에게

1 아픔은 새로운 성장이 시작되는 순간 219
2 인생에서 쉼은 필수과목 224
3 이제부터 나의 리그다 231
4 멈추지 않는 생명력 237
5 과거의 나를 애도하며 243
6 모든 건 사랑이었어 250
7 균형잡기의 달인 256
8 번아웃, 네 덕분이야 261

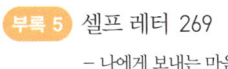 셀프 레터 269
    – 나에게 보내는 마음

에필로그 270

1장

열심히 살면 제법 근사할 줄 알았어

기대와 현실 사이에서 근사한 삶을 꿈꿨지만,
남은 건 숨 가쁜 하루뿐이었다.

1
'열정'은 나의 정체성

"엄마! 내 최애 오늘 컴백한대요!"

평일 아침은 세 아이가 등교 준비를 하는 아주 바쁜 시간이다. 짧은 시간 안에 세수하고 옷을 갈아입는 등 여러 가지 미션을 완료해야 한다. 어찌 보면 하루 중 가장 촉박하고 긴박한 순간이다. 대화할 틈 없이 움직이던 둘째 아이의 목소리가 우렁차게 거실에 퍼진다. 아이들만큼이나 분주하게 아침상을 차리는 내게도 아주 잘 들릴 정도로.

"어, 그래? 오늘 몇 시에?"

내 철칙 중 하나는 아이들의 말에 즉각 반응하며 공감하는 것이다. 스치듯 말하고 자기 방으로 들어간 아이는 대답이 없다. 준비를 다 마친 아이가 식탁에 앉는다.

"오늘 저녁 6시에. 저번에는 못 봐서 오늘은 꼭 볼 거예요!"

굳은 결의에 찬 눈빛으로 또박또박 힘주어 말하는 아이의 모습이 귀엽다.

"그래. 얼마 만에 컴백하는 거지?"

질문이 끝나기가 무섭게 상기된 아이의 목소리가 한참 계속된다.

딸이 좋아하는 아이돌 그룹 이야기다. 아이와 친한 언니가 알려 주었고 그렇게 아이 인생에 첫 스타가 탄생했다. 그때부터 아이는 그룹에 관련된 영상과 자료를 찾기 시작했다. 처음으로 생일선물로 아이돌 앨범을 구매했다. 그 후로 시간이 지나 그 언니는 다른 그룹으로 갈아탔지만 아이는 의리를 지키며 2년 넘게 꾸준히, 변함없이, 매우 좋아하고 있다. 아이와 신나는 대화를 하고 싶으면 그룹 이야기를 꺼내면 된다. 아이 안에 할 이야기가 무궁무진하다.

"엄마, 이 친구는 리더인데 고향은 대구예요!"
"이 멤버는 미국인이고 서브 보컬이야."
"별명이 호시예요. 호랑이 눈빛 같아서."
"내가 제일 좋아하는 멤버인데 잘생겼죠? 잘생겼는데 진짜 되게 웃겨요! 개그캐(개그 캐릭터)예요!"

많은 멤버 각각의 특성을 잘 알고 있다. 단체 사진을 보여 주면서 한 명 한 명 이름을 내게 알려 준다. 성의를 봐서라도 다 외워야지 싶어 자세히 보고 듣는다. 그런데 머리가 굳은 걸까, 노안이 온 걸까? 아무리 봐도 다 비슷해 보인다. 열심히 알려 주는 아이에게 미안하지만 "이 친구 이름이 뭐라고?" 하며 자주 되묻게 된다. 그때마다 아이는 귀찮은 기색도 없이 친절하게 알려 준다. 마치 오빠들의 이름을 한 번 더 말할 수 있어 기쁘다는 듯. 자주 보고 듣다 보니 개개인의 특성이 보이기 시작했다. 역시 아이의 말대로 각자의 개성이 뚜렷하다. 성격도 목소리도 다양하다. 각자의 정체성이 보이자 한 명 한 명을 더 잘 알아볼 수 있었다.

"이 그룹은 어떤 그룹이야? 한마디로 말한다면?"

아이가 쏟아 내는 수많은 정보를 따라가고 습득하려 애쓰다가 질문을 던졌다. 나는 정보의 홍수 속에서 명확한 한 가지를 알고 싶었다. 한치의 머뭇거림도 없이 딸이 시원하게 대답했다.

"청량미! 청량미지!"

그 단어를 듣는 순간 바로 동의가 됐다. 아이 덕분에 듣게 된 그룹의 노래들이 바로 그거였다. '청량미'는 이 그룹의 정체성이었다. 정체성은 '변하지 아니하는 존재의 본질을 깨닫는 성질 또는 그 성질을 가진 독립적 존재'라는 뜻이다. 더 자세히는 '상당 동안 일관되게 유지되는 고유한 실체로서 자기에 대한 주관적 경험, 자기 내부에서 일관된 동일성을 유지하는 것과 다른 존재와의 관계에서 어떤 본질적인 특성을 지속해서 공유하는 것 모두'라고 할 수 있다.

올해 나는 안식년을 보내고 있다. 지난 삶을 찬찬히 뒤돌아보는 중이다. 그 시간 속에서 나의 일관된 태도와 모습을 조금씩 발견할 수 있었다. 정체성의 정의처럼 상당 기간 일관되게 유지되는 모습 말이다. 정체성은 나 스스로 찾고 규정하기도 하지만 타인의 말에서도 깨달을 수 있다. 타인이 나에 대해 공통으로 하는 말들을 통해서도 알아챌 수 있다는 것이다. 그게 내게서 일관되게 발현되는 모습일 테니.

"체구가 작은데 참 열정적이세요."
"너는 안에 불꽃이 있어. 그게 있어. 열정!"
"이렇게 열정적인 분이 어디가 아파서 결석하셨을까요?"

나와 함께 일했던 분들, 대학교 동기와 절친, 학부모님이 나에게 했던 말들이다. 한 지인은 이렇게 말했다.

"참 적극적인 것 같아요."
"제가요? 저 차분하고 조용한 성격이에요."
"음… 하고자 하는 목표가 있으면 그것을 이루어가는 모습이요. 그리고 할 때는 제대로 해내는 걸 좋아하는 성격인 것 같아요."

나는 아담하고 작은 체구이다. 그리고 차분하고 침착한 스타일이다. 누구나 인정하는 차분하다는 말과 비슷한 횟수로 자주 듣는 말은 '열정적'이라는 단어이다. 외적으로 선명하게 보이지 않는 것 같은 열정이 강하게 발현될 때가 있다. 바로 일을 할 때와 스포츠를 볼 때이다. 최고로 흥분한 모습은 경기 시청 중에 볼 수 있다. 대부분 그렇듯 우리 가족도 축구를 참 좋아한다.

경기가 있는 날이었다. 그날은 컨디션이 별로 좋지 않아 에너지를 더 이상 쓰지 않겠다고 다짐했다. 아이들에게 아빠와 함께 시청하라고 얘기하고 방에 들어와 누웠다. 5분도 채 지나지 않아서 아이들이 쪼르르 방으로 오더니 나를 부르기 시작했다.

"엄마, 컴온!"
"엄마랑 봐야 재미있어요. 엄마, 빨리 오세요!"

아이들의 요청은 웬만해선 들어준다. 아이는 커가고 이 시간은 다시 돌아올 수 없는 추억이 될 테니까. 자녀가 즐겁다는데 어쩌나. 결국 무거운 몸을 일으켜 느릿느릿 거실로 나갔다. 오늘은 조용히 볼 거라고 선포하고 자리를 잡았다. 그런데 웬걸. 시간이 지날수록 목소리는 점점 커지고 행동반경은 넓어졌다. 결국 또 폭풍 수다와 흥분의 도가니 속에서 허우적대다가 경기가 끝난 후에야 열기에서 겨우 빠져나왔다.

'아… 이래서 안 본다고 했는데.'

엄마와 함께 보면 해설자 소리가 안 들린다며 깔깔대는 녀석들. 경기가 거의 끝날 때쯤엔 스스로 흥분하지 않기 위해 조건을 걸었다. 하마터면 막내가 원하는 비싼 선물을 사 주게 될 뻔했다. 휴.

차분한 외면과 뜨거운 내면. 외면과 내면이 비슷한 사람도, 나처럼 조금 다른 사람도 있을 것이다. 이 정도의 열정과 승부욕은 누구에게나 있는 거로 생각했다. 살아가면서 꼭 그렇지만은 않다는 걸 알게 되었다. 내 열정의 근원은 어디인가? 원인은 무엇일까? 타고난 성향이나 성격도 하나의 원인일 것이다. 그런데 무엇보다 가장 큰 이유는 삶에 관한 생각과 태도이리라. 겨울로 넘어가려고 하는 계절에 어울리는 노래를 듣다가 한 가사가 마음에 살포시 내려앉았다.

"바람이 부네요. 춥진 않은가요… 산다는 건 신비한 축복. 분명한 이유가 있어. 세상엔 필요 없는 사람은 없어."

가수 이소라의 〈바람이 부네요〉 가사 일부이다. 산다는 건 신비한 축복, 분명한 이유가 있다는 말은 내 가치관과 비슷하다.

누구에게나 삶은 세상에 하나밖에 없는 유일하고 아주 귀한 것이다. 신비하고 경이로우면서 동시에 끊임없는 질문과 동행하는 여정이기도 하다. 지금 내가 살고 있는 삶은 누군가는 아쉬워하고 또 다른 이는 간절히 원했을 시간의 집합이다.. 그것을 대충이라는 마음가짐으로 대할 수 있을까? 열정적으로 사는 것은 주어진 삶을 존중하고 사랑하는 나의 방법이었다. 마치 생애 첫 스타에게 가진 아이의 순수하고 뜨거운 열정처럼 말이다.

2
마지막에 웃는 자가 승자

초등학생 고학년 때였다. 참, 나 때는 국민학생이라고 불렸다. 학교 옆에는 작고 허름한 문구점이 있었다. 어린아이 눈에도 작아 보였다. 5평도 채 안 됐을 거다. 한두 명이 겨우 비켜서며 출입할 수 있는 작은 문을 옆으로 끼익 열고 들어가면 새로운 세상이 펼쳐졌다. 낡고 평범한 겉과는 완전히 다른, 마치 동화 속 나라 같았다. 들어가자마자 보이는 자리는 아이들 눈높이에 딱 맞는 명당이었다.

어른들이 불량식품이라고 부르는 알록달록한 작은 과자와 사탕들이 시선을 사로잡았다. 그 위로는 연필, 가위, 풀처럼 학교에서 자주 사용하는 학용품이 놓여 있었다. 벽 쪽 책장에는 공책들이 종류별로 가지런히 꽂혀 있었고 스케치북과 색종이, 다양한 크기의 종이들이 차곡차곡 쌓여 있었다. 크레파스, 물감, 물통, 붓 등 미술 재료가 옹기종기 모여 있는 한 가족 같았다. 공중에는 뽑기 판과 탱탱볼이 빙글빙글 돌아가고 있는, 작은 공간을 최대한 활용하려는 의도가 엿보이는 이곳은 그야말로 꿈의 나라이고 핫플레이스인 게 분명했다. 아이들에게 이보다 더 환상적이고 흥미로운 곳은 없었다.
　무질서한 듯 질서 있게, 질서 있는 듯 무질서하게 보이는 묘한 분위기. 없던 창의성도 샘솟을 것 같은 자유와 질서가 공존하는 이곳은 친절한 할아버지와 할머니 부부가 운영하셨다. 아마도 사장님 부부는 게임 테트리스의 고수가 확실한 듯하다. 그렇지 않다면 이렇게 잘 정리할 수 있을까. 다른 모양과 크기를 가진 물건들이 원래 자기 자리인 듯 편안해 보였다. 아니면 숨바꼭질의 대가이시거나? 많은 물건 중에서 이름만 듣고 한 번에 찾는 사장님 부부는 우리에게 존경과 경외의 대상이었다.

　학생이 구매할 수 있는 물품에는 한계가 있었다. 빠듯한 주머니 사정에 과자 또는 한여름에 먹는 아이스크림 하나만으로도 세상을 다 가진 듯 황홀했다. 그중 용돈으로 떳떳하게 구매할 수 있는 물품이 있었으니, 바로 공책이었다. 공책은 학생에게 희망 사항이 아닌 필수품이었으니까. 공책을 다 썼다는 건 열심히 필기하며 공부했다는 증거였고, 새로운 공책을 사는 건 앞으로도 그러겠다는 의지의 표현이라고 할 수 있다. 공책을 알뜰하게 마지막 장까지 쓰고 나면 새 공책을 사러 갔다. 귀여운 그림이 있는 공책, 인기 있는 애니메이션이 그려져 있는 공책, 파란색과 분홍색 계열의 공책 등. 다양한 공책 표지를 구경하는 것은 친한 친구와 노는 것만큼 설레는 즐거움이었다. 하지만 이 시간은 매우 짧고 제한적이었다.

　"할아버지, 이거 얼마예요?"
　"할아버지, 여기 천 원이요."

"할머니, 빨간색 색연필 두 개 주세요!"
"할머니, 지우개 어디 있어요?"

밀려 들어오는 아이들의 큰 소리에 소중한 시간은 금방 방해받았다. 작고 좁은 곳에 몇 명만 들어와도 순식간에 오일장의 시장 통로로 변했으니까. 할아버지가 급히 정해서 건네주신 공책을 받아 밖으로 빠져나왔다.

공책 표지가 예쁘고 다양한 것도 있지만 공책을 좋아하는 이유는 따로 있었다. 어느 날 구매한 공책 한 면 아래 귀퉁이에 작은 글씨로 글이 적혀 있었다. 한 문장, 길면 두 문장의 글은 명언이었다. 명언은 짧기 마련이다. 그래서인지 오히려 더 강력한 힘이 느껴졌다. 짧은 문장과는 달리 의미를 오래 생각하게 한다. 한두 문장은 열정의 불꽃을 타오르게 하기에 충분했다. 새 공책을 사자마자 한 장 한 장 페이지를 넘겨 단숨에 모두 읽을 때도, 아껴가며 페이지를 채운 후에 소중히 넘기기도 했다. 다음 명언에 대한 기대감으로 마음속에서 작은 북이 둥둥 울렸다. 명언 하나하나를 읽고 충분히 음미했다.

어느 날 페이지를 넘기다가 한 명언이 마음에 화살처럼 꽂혔다. '마지막에 웃는 자가 참 승리자의 웃음을 짓는다!' 왜인지 모르겠지만 정말 멋지게 느껴졌다. 정성스럽게 종이에 적어 책상 앞 잘 보이는 곳에 붙여 두었다. 책상에 앉을 때와 지나갈 때, 눈에 보일 때마다 읽으며 머리와 가슴에 새겼다. 최근에 다시 찾아보니 영어 속담이라고 나왔다. 'He who laughs last laughs longest.' 직역하면 '마지막에 웃는 자가 가장 길게 웃는다.'라는 뜻이다. 우리말로는 '마지막에 웃는 자가 최후의 승자다.'라고 표현하기도 한다.

내게 이 명언은 마지막에 웃기 위해서는 힘든 과정들을 잘 견뎌내야 한다, 좋은 결과를 위해서 잘 참아야 한다는 뜻으로 다가왔다. 몇 년 전 열렸던 1988년 서울 올림픽 덕분에 더 그랬는지도.

"손에 손잡고 벽을 넘어서 서로서로 사랑하는 한 마음 되자. 손잡고."

웅장하게 〈손에 손잡고〉를 부르며 시작했던 1988 서울 올림픽은 나라의 축제였다. 호랑이를 귀엽게 표현한 호돌이를 마스코트로 한 우리나라는 금메달 열두 개, 은메달 열 개, 동메달 열한 개를 획득했다. 당시 나라 표기대로 소련, 동독, 미국 다음으로 종합순위 4위라는 역사적인 성적을 기록했다. 세계에 많은 큰 나라 중, 아시아에서 그것도 작은 분단국가에서 세계 4위라니. 우리나라 스포츠 역사에서 잊을 수 없는 대단한 순간이었다. 올림픽 기간에 우리나라는 전국이 들썩거렸다. 어딜 가나 틀어져 있는 TV에서는 경기 장면이 나왔다. 메달을 딴 선수들의 경기와 연습 영상이 날마다 재방송되었다. 기도하듯 두 손을 모으고 시청하며 결과에 다 같이 환호하던 열기와 흥분이 지금도 어제 본 영상처럼 생생하다.

그중 기억나는 경기를 꼽는다면 탁구 여자 복식이다. 올림픽 공식 종목으로 새롭게 채택되었는데 결승전까지 올라갔다는 사실이 더 흥미를 끌었다. 탁구는 매우 박진감 있는 경기이다. 작은 공 하나가 3m도 되지 않은 테이블 위에서 중간에 있는 네트를 넘어 빠르게 오고 간다. 한 경기당 두 명 또는 네 명의 선수들이 작은 공을 라켓으로 쳐서 상대방 코트로 보낸다. 빠른 반사 신경, 정확한 기술, 그리고 전략적인 사고가 필요하다.

　가족과 함께 뒷부분이 퉁퉁한 TV 앞에 모였다. 여자 복식 결승전에서 만난 상태팀은 중국이었다. 1세트는 21:19로 한국이 승리했다. 2세트는 중국의 승리로 1:1 동점이 되었다. 박빙의 승부, 선수들의 얼굴에 긴장감이 감돌았다. 동작 하나하나가 신중하면서도 재빨랐다. 선수들이 손의 땀을 바지에 닦고 긴장으로 굳은 듯한 손목을 중간중간 털며 긴장까지 같이 털어내고자 하는 모습이 보였다. 점수가 올라갈수록 관중석의 함성과 응원 소리는 점점 더 커졌다. 그러나 선수들은 웃지 않았다. 표정의 변화가 없었다. 이기고 지기를 반복했다. 넘어오는 공을 잘 받아 칠 때도, 공이 테이블을 넘겨 점수를 잃을 때도 있었다. 나와 가족들의 몸이 금방이라도 TV 속으로 들어갈 것처럼 점점 앞으로 쏠렸다. 몸이 들썩거리는 우리와 달리 선수들은 여전히 침착했다. 서로를 바라보며 격려의 말을 잠시 나눌 뿐이었다.

　마지막 3세트가 남았다. 드디어 끝났다. 2:1로 승리했다. 와! 함성으로 경기장이 떠나갈 듯했다. 금메달 확정이었다. 그제야 선수들 얼굴에 옅은 미소가 번졌다. 두 선수는 서로를 껴안으며 다독였다. 한국 탁구 여자 복식에서 최초이자 지금까지도 유일한 올림픽 금메달의 순간이었다. 정말 자랑스러웠다. 열심히 뛴 건 선수들인데 왜 내 심장이 이렇게 빨리 뛰고 터질 것 같은지. 금메달을 목에 건 선수들 과거 영상이 TV를 채웠다. 그들의 노력과 땀과 인내에 대한 방송은 그 후로도 오래도록 계속되었다.

"21포인트로 이기기까지 끝나지 않았다는 마음으로 했습니다."
"엄마는 저보고 그냥 최선을 다하라고 그랬거든요. 제가 최선을 다해서… 엄마 말씀을 잘 들은 것 같아요."

금메달 확정 후 인터뷰에서 선수들이 한 말이다.

짧은 머리에 마른 체구, 시크한 외모와 순발력, 결과가 확정될 때까지 한결같이 침착했던 두 선수. 언뜻 보기에 오빠처럼 보이지만 언니였던 양영자와 현정화 선수 덕분이었을까. 나도 결과가 나올 때까지 침착해야겠다 다짐했다. 마지막까지 인내하리라 결심했다. 마지막에 승리한 후, 언니들처럼 환하게 웃기 위해서. 그 웃음이 말로 다 하지 못할 정도로 멋있고 벅차서. 그렇게 나는 현재의 웃음을 언제가 될지 모를 최후를 위해 연기하기 시작했는지 모른다. **최후에 웃기 위해 내가 잃은 것은 무엇이었을까?** 새 공책 하나로 충분히 행복했던 그날의 나일까? 아니면 다음 장을 기대하고 설레던 일상의 작은 순간일지도.

3
참는 자에게 복이 올 거야

"오늘부터 '갓생' 1일!"
"내일부터 '갓생' 산다!"
"저 친구는 정말 '갓생러'야!"
"'갓생 살기' 챌린지!"

'갓생'이라는 말이 있다. 신을 의미하는 'God'와 인생을 뜻하는 '생'의 합성어이다. 직역하면 '신과 같은 인생'이다. 완벽하고 성공적인 삶, 최고의 인생이라는 뜻이다. 주로 성실하고 부지런하고 타의 모범이 되는 삶을 가리킬 때 쓰는 단어다. 계획적이고 부지런하게 살아가는 라이프 스타일로, 목표를 성취하고 자기 계발을 이루는 게 목적이다. 나만의 갓생을 사는 이들을 '갓생러'라고 부른다.

학창 시절에 갓생과 비슷한 뜻을 가진 단어를 흔히 볼 수 있었다. 교실 초록색 칠판 위에 급훈이 걸려 있었다. 학생들이 선생님과 칠판을 바라보면 자연스럽게 보이는 한 가운데에 힘 있고 단정한 명조체로 말이다.

시력이 웬만큼 나쁘지 않으면 누구나 볼 수 있을 만큼 큼지막했다. 대체로 인내·끈기·성실에 관련된 문장이거나 이 단어 그대로 두세 음절이 단호하게 적혀 있었다.

"인내는 쓰다. 그러나 그 열매는 달다."
"천 리 길도 한 걸음부터"
"고생 끝에 낙이 온다."

자주 들어서 몸의 일부처럼 자연스러워진 명언과 속담이다. 선생님들은 위인들의 삶을 이야기하시며 인내의 중요성과 효과에 대해 자주 말씀하셨다. 위대한 인물들은 모두 인내심이 크고 어려움을 끝까지 참고 견뎠다.

"집에 돌아가면 가장 먼저 숙제하거라."
"해야 할 일을 다 마친 후에 노는 거란다."

선생님은 하늘 같은 존재였다. '스승의 그림자도 밟지 말라'는 가르침이 당연했다. 〈소학(小學)〉에 '사사여친 필공필경(事師如親 必恭必敬)'이라는 말이 있다. '스승 섬기기를 어버이와 같이하여 반드시 공손히 하고 공경하여야 한다.'라는 뜻이다. 순종이 당연하고 미덕인 시대였다. 요즘처럼 부모와 교사가 자녀와 학생의 생각이나 감정을 묻고 대화하는 일은 흔치 않았다. 아니, 그런 세상이 있는 줄도 모르고 살았다.

부모님은 대부분 바쁘셨다. 우리는 거의 형제자매, 친구들과 함께 자랐다. 어른인 선생님의 말씀이 그래서 더 절대적이었는지도 모른다. 선생님께 질문한다는 건 상상도 못 했다. 시대적인 영향도 있지만 순한 기질이었던 나는 선생님의 말씀을 곧이곧대로 받아들였다. 또한 가르침에 잘 순종하려 했다. 위인까지는 아니더라도 멋진 사람이 되고 싶었으니까. 힘든 일도 기쁜 일, 슬픈 일도 다 참기 시작했다.

'하브루타'라는 유대인의 전통적인 교육 방법이 있다. 두 명이 짝을 지어 서로 질문·대화·토론·논쟁하며 진리를 찾는 교육 방법이다. 현대는 AI시대이다. 발전 속도가 놀랍고 무서울 정도로 빠르다. 전문가들은 AI에 대해 비슷한 의견들을 말한다. AI가 제공하는 정보에 인간이 의존하기만 하지 않고 그것을 판단하고 활용하는 능력을 갖추어야 한다고 말이다. 그래서 더욱 현대인에게는 비판적 사고와 창의력이 요구된다. 『내 아이를 바꾸는 위대한 질문 하브루타』 민혜영 저자는 주 양육자와 아이가 서로 주고받는 질문과 대화는 아이의 두뇌를 끊임없이 자극해서 창의적으로 생각하는 아이로 자라도록 북돋아 준다며 질문의 중요성과 효과에 대해 강조한다.

하브루타를 알기 전에도 나는 질문하는 것을 좋아했다. 특히 아이들과의 대화는 흥미롭다. 아이들이 어릴수록 예상치 못한 이야기들이 아이 입에서 튀어나온다. 인생을 십 년도 살지 않은 아이들의 뇌와 마음에서 나오는 말들은 상상 밖일 때가 많다. 막 딴 과일처럼 신선하다. 아이들은 정답이라고 생각하는 말이 아니라 본인이 생각하고 상상한 내용을 솔직하게 말한다. 단순한 아이들의 말에서 본질을 발견할 땐 머릿속에서 화려한 폭죽이 터진 듯 경이롭다. 아이에게서도 배운다는 말은 정말 옳다. 아이들과 대화할 때 나는 자주 폭소를 터뜨린다. 어떤 질문을 할지 시간을 내어 준비한다. 하루는 이웃과 나누며 살자는 내용으로 도입 부분에서 유치부 아이들에게 질문을 했다.

"며칠 동안 밥이 없어서 배가 고프면 어떡하죠?"

질문이 떨어지기가 무섭게 아이들이 말했다. 쌀을 사면 된다, 빵을 사면 된다, 과자를 먹으면 된다, 아빠가 돈을 벌면 된다는 등. 누가 먼저랄 것도 없이 여기저기에서 자신 있는 목소리가 들려왔다.

"그렇죠. 그런데 쌀을 살 돈도 없고 빵도 과자도 없으면 어떡하죠?"
"음… 그냥… 굶으면 되죠!"
"하하하"
"그럼, 목이 너무 마른 데 물이 없으면 어떡하죠?"
"주스를 먹으면 되죠!"
"주스도 없으면?"
"침을 삼켜요."
"뭐라고요? 잘 안 들렸어요. 뭐라고 했죠?"
"침이요! 침을 삼키면 돼요!"

고민하던 아이들의 입에서 굶고 침을 삼키면 된다는 말이 나올 줄이야. 아이들 목소리는 자신감으로 충만하고 또랑또랑했다. 아이들 목소리만큼이나 큰 함박웃음이 이곳저곳에서 터졌다. 지혜롭다고 아이들에게 엄지척해 주었다.

갓생이란 단어를 몰랐지만 뒤돌아보니 내 삶 또한 갓생살기였다. 근면 성실하고 계획적이고 열심이었던 삶 말이다. 누군가가 나에게 질문했다면 어땠을까를 상상해 본다. 질문은 생각의 문을 열어 준다. 계속된 질문은 그 문안에 들어가 넓은 주변을 바라보고 탐색하도록 생각의 확장을 일으킨다. 깊은 질문은 넓은 주변에서 발견한 한 가지를 집중해서 바라보게 한다. 내가 자주 질문하는 이유는 어쩌면 과거의 내가 질문을 받고 싶어서일지도 모른다. 또는 질문받고 대답한 경험이 부족했던 학창 시절이 아쉬운 걸지도. 누군가가 나에게 질문했다면 지금 내 생각은 어디에 이르렀을까. 아이들의 대답처럼 상상하지 못한 답이 나왔으려나.

"참는 자에게 복이 올까? 너는 어떻게 생각해?"

4
'리더'라는 왕관의 무게

"여기 반장 누구야!"

오후 자율학습 시간이었다. 갑자기 교실 뒷문이 드르륵 열렸다. 학교에서 소문난 호랑이 선생님이다. 뒷문이 열릴 거라곤 예상치 못했다. 친구들이 화장실에 갈 때도 열렸다 닫혔다 했으니 또 누가 가나 보다 했다. 허를 찔린 듯, 시간이 멈추기라도 한 듯, 웅성웅성하던 교실이 일제히 조용해졌다. 선생님은 인상을 잔뜩 찌푸리며 반장을 찾으셨다. 속으로 외마디 한숨을 내뱉고 조용히 자리에서 일어났다.

"이리 나와!"

선생님 앞에 서자 매를 드셨다. 애정 아이템처럼 항상 가지고 다니시는 선생님의 트레이드 마크이다. 조용히 손바닥을 내밀자, 세 번을 내리치셨다. 그리고 래퍼처럼 빠르게 말씀하셨다. 반 친구들이 다 들을 수 있을 만큼 허스키한 큰 소리로.

"반장이면 반을 조용히 시켜야지. 지금 뭐 하는 거야? 조용히 시켜! 한 번 더 시끄러운 소리 들리면 그땐 알아서 해!"

짧고 강렬한 등장 후 쿨한 퇴장을 하신 선생님의 호통 덕분인지 아니면 대표로 혼난 나에 대한 미안함이었는지 조용한 분위기가 잠시 이어졌다. 그런데 언제 그랬냐는 듯 또다시 지역 방송이 이곳저곳에서 들리기 시작했다. 그렇다. 우리는 수다를 하면서도 수다에 목마른 여중생이었던 거다. 아무리 말해도 떠들 친구들은 떠든다는 것을 알기까지 그리 오랜 시간이 걸리지 않았다. 반장인 내 말 따윈 권위도 힘도 없다는 것을 깨닫게 된 것도 말이다. 또 한 번 한숨을 속으로 삼켰다. 선생님이 다시 오시는 불상사가 발생하지 않고, 친구들의 소리가 지금보다 더 커지지 않기만을 바라면서.

"반장 누구야!"

수업이 시작된 지 10분도 지나지 않았다. 키가 큰 선생님이 갑자기 화를 내며 반장을 찾으셨다. 속으로 당황했지만, 최대한 침착한 표정으로 손을 들었다.

"지금 하는 단원이 지난주에 했던 건데 왜 아무 말 안 했어? 왜 가만히 있어!"

황급히 칠판, 교과서, 노트를 번갈아 보았다. 이렇게 빠르게 눈이 움직일 수는 없는 일이다. 나는 수업 시간에 태도가 좋다는 칭찬을 받았다. 교과서에 나오는 의자에 앉는 바른 자세와 동일한 자세로 수업 내내 앉아 있었다. 집중력도 좋았다. 그런데 하필 그날은 무슨 생각을 하고 있었는지 도무지 모르겠다. 여전히 자세는 발랐고 눈은 칠판을 보고 있었지만, 생각이 도대체 어디에 가 있었던 건지. 10분 남짓의 시간이 필름이 끊긴 듯했다. 하지만 생각의 동선을 찾을 여유 따윈 없었다. 지금까지 잘해 왔지만 잠시 한눈판 것마저 견딜 수 없다는 듯, 인생 첫 번째로 수업 중 명 때리기인 것 같은 이 순간에 하필 또 단원이 틀린 경우라니. 맙소사.

빠르게 공책을 스캔한 결과 선생님 말씀이 맞았다. 선생님은 단원이 틀렸다는 사실에 비해 과한 화를 내고 계신다는 생각이 들었다. 선생님은 나를 똑바로 보시며 집중하고 계셨다. 교실은 선생님의 표정과 말씀으로 꽁꽁 얼어붙었다. 내 대답에 따라 반 분위기가 어떻게 바뀔지 모를 일이었다. 더 화를 내시면 어쩌나. 단체로 혼날지도 몰라. 엄청난 책임감이 느껴졌다. 짧은 몇 초 만에 입에서 나온 말에 나도 놀랐다.

"선생님 글씨가 너무 멋져서요."

선생님 글씨체가 예쁘긴 했다. 정갈하고 단정한 글씨체. 단원 제목은 큰 글씨로, 그 아래에는 단원 목적과 내용들이 세 줄 정도 적혀 있었다. 선생님의 글씨가 너무 멋져서 그걸 보느라 잠시 넋 놓고 있게 되었다는 표현이 잘 전달됐을까. 긴장하며 선생님을 바라보았다. 꽁꽁 얼어붙은

북극의 얼음 같던 선생님의 표정이 봄바람이 분 듯 순간적으로 따뜻하고 온화하게 바뀌었다.

"하하! 너넨 반장 덕분에 산 줄 알아라. 자, 다음 단원 펼쳐라!"

호탕한 웃음소리와 함께 선생님은 조금 기분이 좋아지신 듯 수업을 이어가셨다. 휴, 다행이다. 어떻게 수업이 지나갔는지 모르겠다. 그저 선생님의 기분이 다시 겨울로 바뀌지 않기를 바라며 수업이 끝날 때까지 조마조마했다. 초반의 실수를 만회하기 위해 평소보다 더 집중했다. 쉬는 시간에 친구가 내게 말했다.

"너 어떻게 그런 말을 생각했어? 대단하다. 나 같으면 아무 말도 못 했을 것 같은데."

듣고만 있었다. 나도 모르겠거든. 순발력이 있는 편이긴 하지만 내 대답에 대한 선생님의 반응까지 알 수 있는 건 아니니까. 그저 안도했다. 어물쩍 넘어가려 한다고 더 화내지 않으시고 웃으며 넘어가 주신 것에 대해 감사할 뿐이었다.

이 두 가지 사건이 큰 이유였을까. 앞으로는 반장을 비롯한 임원을 하지 않겠다고 굳게 다짐하게 된 게. 나는 자라면서 내 잘못으로 혼난 적이 거의 없다. 남동생과 가끔 다툰 걸 제외하면 말이다. 할 일이나 숙제 등을 알아서 척척 하는 스타일이었다. 당시엔 공부를 잘하는 아이들이 주로 반장이나 학급 임원을 했다. 공부를 잘하고 성실한데 착하기까지 하다며 친구들은 매번 나를 추천했고 친구들과 선생님의 인정을 받으며 반장이 됐다. 그렇게 초등학교에서 중학교 2학년 때까지 임원 시절이 이어졌다.

체육 대회나 운동회 시상식에서 반을 대표해서 상장을 받는 일은 매우 뿌듯했지만 그건 1년에 한두 번 정도였다. 반 전체를 이끌어야 한다는 부담감과 반 분위기에 대한 책임감이 어느 순간 무겁게 느껴졌다. 억울함도 있었다. 내 잘못이 아닌 일로 혼나는 것, 말해도 듣지 않는 떠드는 친구까지 조용히 시켜야 하고, 선생님의 기분을 살피며 전체를 신경 써야 하는 일… 조용한 사춘기를 지나고 있었지만 나름의 고민이 있는 한 학생일 뿐인데 더 이상 하기 싫었다. 다음 선거 때 기권했다. 드디어 임원 위치에서 벗어났다. 그 이후로 조용하면서도 적극적으로 리더의 자리를 피하기 시작했다. 반장과 임원에 대한 환상이나 열망은 사라진 지 오래였다.

"한번 해 봐. 엄마가 해 봤는데 한 번쯤은 해 봐도 괜찮아. 경험 삼아 해 볼 만해."
"싫어요! 피곤할 것 같아요."

요즘 아이들은 주관이 뚜렷하다. 하기 싫은 이유도 분명하다. 아이 학교에서 매년 임원 선거를 하는데 경험 삼아 해 보라고 해도 극구 싫다며 힘차게 고개를 가로젓는다. 그래. 리더는 감당해야 할 무게가 있지. 너는 해 보지도 않았는데 그걸 아나 보구나. 아, 난 왜 그렇게 힘들게 살았을까. 성격이 단순하거나 강했다면? 괜히 아무 잘못 없는 성격 탓을 한다. 현대 리더의 유형은 다양하지만, 그 당시에는 리더에 대한 고정적인 이미지가 있었다. 강하고 카리스마 있고 결단력 있고 남을 이끌고 외향적인. 나는 지도자 링컨이나 마틴 루터 킹처럼 강하지 않았다. 담대하지도 않았다. 나는 단지 감성적이고 섬세하고 부드럽고 친절한 사춘기 소녀였다.

너무 많은 기대와 책임을 나에게 지운 건 아니었는지. 그건 나 스스로 진 걸까, 타인이 지게 한 것일까가 문득 궁금해진다. 별다른 생각 없이 수다 떨고, 혼날지 모른다는 불안과 피로감 없이 해맑게 하하 호호 웃고 싶었던 나는 그 시절의 친구들이 부럽거나 그날의 내가 가여운 걸지도.『아주 보통의 행복』에서 최인철 교수는 행복 천재들은 좋아하는 것이 많다고 말한다. 리더의 경험이 분명 보람되고 좋은 기억도 있었을 텐데 힘든 감정만 남아 있는 건, 아마도 즐거웠던 경험보다 그렇지 않은 기억이 훨씬 많았기 때문이라고 해 두자.

나를 공감하는 길
나를 이해해 주는 다정한 언어

지금 내 마음의 상태를 물어보기

감정의 파도를 판단 없이 조용히 지켜보기

이유 없이 눈물이 나면 그대로 두기

"그럴 수 있어."라고 말해 주기

말하지 못한 마음을 일기장에 쓰기

타인과 비교하지 않기

나의 불완전함도 품어주기

5
행복에 정점이 있다면

인생 그래프를 그렸다. 가정 회복 강의를 듣는 중 교수님께서 내주신 숙제였다. '인생 그래프'는 사람의 인생을 그래프 형태로 시각적으로 나타내는 것이다. 시간에 따라 변화하는 인생의 주요 순간들·감정의 기복·성취·실패 또는 특정 사건들을 나타내기 위해 사용한다. 가로축은 인생의 주요 사건을 시간에 따라 배치하고, 그 사건이 긍정적이었는지 부정적이었는지를 세로축에 표시한다. 중요한 사건들을 시간순으로 적고 감정 상태에 따라 점을 찍는다. 점 옆에 사건의 이름이나 중요한 키워드를 간단히 적고, 점들을 부드럽게 연결하면 자연스레 그래프가 된다. 교수님께서 주신 질문 몇 가지를 생각하면서 나이와 사건과 감정을 적고 표기했다. 질문 중 대표적인 것은 다음과 같았다.

"지금까지 나의 인생 중에서 가장 힘들었던 경험은?"
"가장 행복했던 순간은?"
"가장 큰 상실은?"
"신을 만난 순간은?"

"앞으로 꿈은?"

먼저 가로축 중간쯤에 현재 나이를 적었다. 내 나이 사십 대 중반. 언제 이렇게 나이를 먹었을까. 벌써 중년이라니. 중학생 때였다. 하루는 선생님이 수업을 하시다 말고 뜬금없이 이런 말씀을 하셨다.

"나도 마음은 청춘이야. 너희들처럼 이팔청춘이라고!"

청춘은 젊음의 아름다움과 그 시기를 말한다. 그때는 선생님의 말씀을 이해하지 못했다. 과장과 거짓말이 심하시다고 생각했다. 공부에 찌들어 있는 우리를 향한 선생님의 서투른 위로라고 해석했다. 말씀하시는 선생님 얼굴이 복잡해 보였다. 조금 쓸쓸해 보이기도 하고 회한에 잠기신 것 같기도 하고 하여튼 미묘했다. 1, 2분의 짧은 시간에 다양한 표정이 선생님 얼굴에 겹쳐 보였었다.

그 시절 선생님과 비스름한 나이가 되었다. 가끔 그날 선생님 말씀과 표정이 떠오른다. 그리고 똑같은 말을 자녀들에게 하는 자신을 발견하고 흠칫 놀란다. 이제는 선생님의 말씀이 전혀 과장과 거짓말이 아니었다는 것을 안다. 순수한 학창 시절과 20대 청춘과 신혼생활이 정말 엊그제 같다. 하루는 동일한 속도로 가는 듯한데 왜 1년, 5년, 10년, 20년은 뒤돌아보면 짧게 느껴지는지 알다가도 모를 일이다. 신비로운 시간에 속는 기분이다. 길게도 짧게도 느껴지는 시간은 밀당의 귀재 같다. 아, 밀당 싫어하는데. Yes 아니면 No인 사람이라 남편과도 안 한 밀당이다. 시간에 말리는 찜찜한 기분이라니.

지금 나이의 좋은 점을 꾸역꾸역 찾아본다. 40대 이하보다 인생 그래프에 적을 것이 많다는 점 그래서 이런 과제가 두렵지 않다는 사실이 알이 꽉 찬 배추 같은 느낌이 들어서 기분이 나쁘지만은 않다. 과거 속에서 가장 행복했고 힘들었던 순간들을 떠올리는 것은 어렵지 않았다. 그중 최고로 행복했던 순간을 꼽으라면 그날을 잊을 수 없다. 그날은 20대 중반에 걸쳐 있다.

대학교를 졸업하고 아르바이트를 했다. 지인의 부탁으로 개인 회사에서 일했다. 성실한 성격 덕에 지인은 내가 계속 일해 주기를 바랐다. 그런데 아르바이트를 하는 몇 개월 동안 강렬한 욕구가 생겼다. 하루 종일 사무실에 앉아 일하는 시간이 아깝게 느껴졌다. 뒤돌아보면 맡겨진 일을 열심히 하긴 했지만 뭔가를 이렇게 강하게 원한 적은 없었던 것 같다. 하루 종일 성경을 보고 더 깊이 배우고 싶은 열망이 마음에서 뜨겁게 일어났다. 전공과 다른 일을 하다 보면 내가 '더 즐거워하는' 일을 찾을 수 있을 거라 기대했다. 그런데 내가 '정말로 원하는' 것이 무엇인지를 분명히 알게 되었다. 나는 아쉬워하는 지인을 뒤로하고 일을 그만두었다.

바로 신학대학원 입시 공부를 시작했다. 신학교의 서울대라는 별명이 있어서 경쟁이 치열했다. 2, 3수는 기본이고 6, 7수까지도 하는 시험이었다. 그렇게 나는 학사학위를 받은 학교로 다시 돌아왔다. 간단한 아침 식사 후 성경책과 자료들을 챙겨 집을 나섰다. 학교 도서관에 도착하면 자리가 몇 개 남아 있지 않았다. 다음날은 더 일찍 도서관에 도착해서 화장실에 가고 식사하는 시간을 빼고 밤늦게까지 자리를 뜨지 않고 열중했다. 식사는 최대한 짧게 후다닥 마쳤는데 그 시간에도 수험생들과 함께 문제를 내고 맞혔다. 오고 가는 버스나 전철 안에서도 메모지를 들고 계속 외웠다. 아낄 수 있는 시간을 최대한 아껴 치열하게 공부했다.

　성경을 전체적으로 읽고 아는 것은 기본이고 성경의 각 권과 장과 절까지도 외워야 했다. 장의 주제, 예수 그리스도의 기적 순서, 사복음서에 나오는 여러 비유들의 구절과 차이점, 계시의 순서 등등. 성경의 전체적인 내용부터 아주 세세한 한 절까지 성경 전체를 통째로 알고 있어야 한다. 기출문제들이 있었지만 매년 새롭게 제출되는 문제들도 맞춰야 한다. 합격을 위해서는 1점도 소중하기 때문이다. 몇 개 나오는 서술형 구절을 위해 많은 구절을 오타 하나 없이 달달 외웠다. 인간은 뇌의 10%만 쓴다고 누가 말했나? 동의할 수 없었다. 뇌를 풀(Full) 가동하고 있는 것 같은데도 다음날 보면 새로운 문제가 보였다.
　토요일과 일요일에는 예배와 설교와 프로그램을 준비하고 일했다. 회의 내용도 준비했다. 내가 가르치는 아이들에게 더 잘 전하고 싶었다. 성경을 어렵지 않게, 쉽고 재미있으면서도 올바르게 알려 주고 싶은 마음이 컸다. 그러기 위해서는 더 자세하고 깊이 배워야 했다. 그렇게 주중에는 공부, 주말에는 일을 병행하며 7개월의 시간이 흘렀다.

　드디어 시험 날이 되었다. 할 수 있는 최선을 다했고 주사위는 던져졌다. 문제를 다 푼 후에도 꼼꼼하게 재확인했다. 암송 구절은 한 음절도 틀리지 않기 위해 소리 없이 입술을 달싹거리며 여러 번 검토했다. 다행히 암송 구절은 다 맞게 쓴 것 같았다. 객관식 몇 문제가 조금 헷갈렸다. 아, 이제 하늘에 맡기는 수밖에.

1차 합격 발표일은 24년 인생 중 가장 떨리고 간절한 순간이었던 것 같다. 대학교 입시 때도 긴장했던 건 맞지만 그땐 어렸다. 진정한 사춘기의 시작은 대학교 때부터라고 친구들과 얘기했던 것처럼 이 순간이 오히려 조금 더 철이 들어서인지 한없이 떨렸다. 원래 무식하면 용감하다고 하지 않던가. 한편에 고이 접어두었던 수험표를 꺼냈다. 컴퓨터에 수험번호와 이름을 입력했다. 뒤로 가기 버튼을 누를 수는 없다. 엔터(enter) 키를 눌렀다. 그리고 환호성! 신께 한없는 감사를 드렸다. 그 후 2차 면접. 2차 결과도 합격이었다. 그렇게 간절히 열망했던 시간을 맞이했다.

그날의 기쁨과 감격이 지금도 또렷하다. 인생 그래프를 조원들과 나누며 가장 행복했던 이 순간을 이야기했다. 나보다 뒤에 발표한 남편은 '결혼했을 때'라고 말했다. 내가 본인과 같지 않음을 내심 아쉬워하는 눈치였다. 조원들은 남편과 나의 눈치를 살피는 듯했다.

"당신과의 결혼은 뭔가 순조로웠잖아요. 물 흐르듯이 자연스럽게 잘 이루어졌고. 그래서 정말로, 아주, 많이, 행복했던 건 맞는데. 이 합격은 되게 절실해서 더 강렬하게 느껴지는 것 같아요."

위로인 듯, 위로 아닌, 위로 같은 위로를 전했다. 아리송한 남편의 표정을 보니 실패한 것 같지만.

행복을 느끼는 포인트는 각자 다를 것이다. 어떤 이는 타인에게 도움을 주었을 때, 또 다른 이는 사랑할 때, 여행을 떠나거나 예술 활동을 할 때 등등. 상황과 시간에 따라 달라지기도 한다. 나에게 행복은 간절히 원하던 것이 이루어졌을 때인 것 같다. 우리는 자신이 간절히 원하는 게 무엇인지 모를 때도 많지 않던가. 영국의 시인 윌리엄 쿠퍼는 '유일한 진정한 행복은 목적을 위해 몰입하는 데서 온다.'라고 했다. 강렬하게 원하는 것이 있다는 것. 원하는 것을 간절히 꿈꾸는 것. 그것을 위해 최선을 다하는 것. 그것을 이루어 가는 것. 아니, 설사 이루지 못하더라도 결과와 상관없이 그 모든 과정이 이미 행복이었을 것이다. 간절히 원하는 것이 있는지, 그게 무엇인지 말해 줄 수 있는가? 그렇다면 당신은 분명 행복한 사람이리라.

6
반전을 반기지 않는 편입니다만

드라마나 영화에서 심심찮게 등장하는 기법이 있다. 바로 '반전'이다. 반전은 시청자에게 흥미와 재미와 충격을 선사한다. 끝까지 긴장을 늦추지 못하고 결말을 두근두근 기대하게 한다. 현실에서 반전은 어떨까? 기분 좋은 반전이라면 누구나 반길 것이다. 그러나 그 반대라면? 한순간이었다. 가장 행복했던 사건이 가장 힘든 상황으로 바뀐 것은. 그동안 삶이 평탄하기만 한 건 아니었고 때때로 어려움이 있었지만 이렇게 큰 폭탄을 만나게 될 줄은 꿈에도 몰랐다. 내 인생에 폭탄이, 그것도 아주 큰 핵폭탄이 떨어졌다.

신혼생활 9개월쯤에 첫아기가 생겼다. 처음 아기집을 확인하고 양가에 임신 소식을 알린 날은 팡파르가 울려 퍼졌다. 아기를 기다리고 있던 터였다. 한 달에 한 번, 또는 두 달에 한 번씩 아기를 보러 갔다. 초음파로 본 아기는 잘 놀고 활발하다고 했다. 생명이 얼마나 신비롭던지. 몸 밖에서는 보이지 않은 아기가 내 안에서 꿈틀거리는 게 신기했다. 맵고 자극적인 음식을 원래도 잘 못 먹지만 더 조심했다. 배를 쓰다듬으며 태명을 부르고 그림책을 읽어 주며 좋은 음악을 들었다. 그렇게 정성을 다해 아기를 기다렸고 예정일이 다가왔다.

진통 시간이 짧아져서 천국과 지옥을 1분 안에 여러 번 왕복했다. 그렇게 진통이 시작된 지 19시간이 지나가고 있었다. 우여곡절 끝에 아기가 태어났다. 태어난 아기는 예상보다 작았다. 아기들은 다 이렇게 생겼나? 이 조그만 아기가 내 배에서 나왔다니 봐도 봐도 눈길이 갔다. 한 달이 지나 예방접종과 기본적인 검사를 하러 집 근처 병원에 갔다. 아기 가슴에 청진기를 댄 의사 선생님이 뜻밖의 말을 했다.

"심장 소리가 좀 안 좋은데요. 진료 의뢰서 써 드릴 테니 큰 병원으로 가 보세요."

설마 하며 큰 병원에 갔다. 괜찮을 거라며 남편과 나는 서로를 다독였다. 진료실 복도에서 우리와 함께 앉아 있던 부부가 수술을 안 해도 된다는 결과를 받았다며 밝은 얼굴로 돌아갔던 터다.

"사진을 찍어 봤는데…."

왜 뜸을 들이시지? 우리는 선생님 입술만 쳐다보았다.

"심장에 구멍이 있네요. 구멍이 좀 커요. 이런 경우엔 다시 붙는다고 장담할 수가 없고, 기다리는 동안 아기가 점점 더 힘들어질 거예요. 수술을 빨리하는 게 좋을 것 같은데 어떻게 하시겠어요?"

기대와 완전히 다른 답변이었다. 남편과 나는 머릿속이 하얘졌다. 할 말을 잃었다. 간신히 정신을 붙잡고 최대한 이른 날짜로 수술일을 예약했다. 돌아오는 택시 안에서 눈물이 주룩주룩 비 오듯 쏟아졌다. 남편은 아기를 안고 "괜찮아. 괜찮아. 다 괜찮아질 거야."라는 말만 되풀이했다. 집에 돌아와 잠든 아기를 멍하니 바라보았다. 엄마라는 새로운 역할에 미처 적응하기도 전이었다. 다른 방으로 들어간 남편의 울음소리가 들렸다. 마음이 끝을 알 수 있는 바닥으로 무너져 내려갔다. 하지만 아기에게는 슬픔이 아닌 긍정만 주고 싶었다. 매일 아기를 안고 사랑한다고 말하고 기도했다.

수술 전날 밤 의사 선생님이 수술 동의서를 내밀었다. 수술이 잘못될지도 모를 상황을 무시무시하고 무자비하게 설명했다. 그렇지 않아도 어지러운 머릿속이 빙글빙글 돌아갔다. 무서운 말을 아무런 감정 없이 기계처럼 내뱉는 선생님이 야속했다. 병실엔 우리 아기보다 큰 아이도 있었는데 네 살, 일곱 살 정도의 아이들이 모두 심장 관련 질환이 있었다. 옆 침대에서 유독 밝은 에너지를 뿜으며 자녀와 놀아 주던 엄마가 내게 물었다.

"아기 어디 아파요? 수술해야 한대요?"
"네, 내일 수술하는데 심실중격결손이래요."

"그래요? 부럽네요."

부럽다니 순간 귀를 의심했다. 잘못 들은 줄 알았다.

"너무 걱정하지 마세요. 심실중격결손은 그래도 심장 수술 중에서는 쉬운 수술이에요. 저희 아이는 지금 두 번째 수술인데 우심방과 좌심방이 바뀌어 있고 좀 많이 복잡해요. 이번에 하고 다음에 또 수술해야 할지도 몰라요."

한 번 수술하는 것도 이리 마음 아픈데 두세 번 가슴을 열어야 한다니. 그렇게 힘든 상황에서도 밝고 긍정적으로 오히려 다른 사람을 위로하는 모습에 존경스러웠다. 그 밤은 아픈 아이들의 울음소리와 가래를 꺼내는 기계 소리 그리고 낮 동안에 자녀를 침착하게 달래던 엄마들이 숨죽여 흐느끼는 소리가 한데 섞여 밤새 소란스러웠다. 수술 날이 되었다. 드라마에서 오열하다 쓰러진 사람들이 이해되었다. 대기실에서 겨우 남편에게 기대어 앉았다. 수술 시간이 예상보다 길어지고 있었다. 조마조마했다. 수술실에 적힌 아기 이름을 보니 눈물이 마를 새가 없었다.

'왜 네 이름이 거기에 있어. 왜.'

수술이 끝나고 중환자실에 있는 아기는 온몸이 붕대로 칭칭 감겨 얼굴만 나와 있었다. 그 모습을 보고 금방이라도 또 울음을 터뜨릴 것 같은 나를 보고 간호사가 따뜻하게 말했다. 아기가 많이 버둥거려서 이렇게 하는 게 안전하다고. 날마다 아기를 보러 갔다. 아기는 다행히 회복 속도가 빨랐고 시간이 흘러 퇴원했다. 한 달에 한 번씩 피검사를 하러 병원에 갔다. 피를 뽑을 때마다 자지러지게 우는 아이와 결과를 기다리는 순간은 여러 번 해도 적응되지 않았다. 큰 병원에 가득한 환자들을 보며 무력함을 느꼈다. 그렇게 몇 년이 흘렀고 더 이상 피검사는 하지 않아도 된다고 했다. 현재 이 아기는 밥도 많이 먹고 내가 타지 못하는 무서운 놀이기구도 활짝 웃으며 타는 아이로 자랐다.

미래는 알 수 없는 것이다. "어제는 역사이고 내일은 미스터리이며 오늘은 선물이다."라는 명언이 있다. 인간은 항상 미래를 알고 싶어 하지만 미래는 자기 모습을 확실하고 정확하게 보여 주지 않는다. 운무 낀 도시처럼 희미하게 손짓할 뿐이다. 우리가 내일과 미래를 알 수 있다면 인간이 아니라 신일 테다. 우리는 미래를 예측할 뿐 정확히 알고 조정할 수 없다. 또 미래는 자주 반전을 일으킨다. 반전을 그리 반기지 않는 내 취향은 상관없다는 듯이.

인생길에서 만난 핵폭탄 같은 반전 상황에서 어찌해야 하는가. **미스터리하고 불확실한 미래와 갑자기 닥친 위기 속에서 우리가 할 수 있는 일은 무엇일까.** 그저 오늘을, 현재를 살아갈 뿐이다. 더 나빠지진 않으려나, 낫기는 할지, 미래엔 괜찮을까. 두려움이 밀려와도 오늘 할 수 있는 일들에 집중한다. 같은 상황이어도 반응은 다양하다. 누군가는 진심 어린 위로를, 또 누군가는 말뿐인 수다를 한다. 위기를 원망하고 탓하며 주저앉아 버리기도, 고난을 받아들이고 현재 할 수 있는 최선을 다하기도 한다. 거기에서 더 나아가 타인의 아픔과 눈물에 공감하고 따뜻한 격려를 전하는 이도 있다. 가끔 그때를 떠올린다. 병실 안 아이들의 울음소리와 부모의 흐느낌, 건강하게만 자라다오 했던 소망, 세상에 아픈 사람이 없었으면 좋겠다는 간절한 기도를.

7
엄마라는 낯선 이름 앞에서

"첫 만남은 너무 어려워. 계획대로 되는 게 없어서."

TWS의 〈첫 만남은 계획대로 되지 않아〉 가사 중 일부이다. 새 학년과 새 학기의 긴장과 두려움을 표현한 노래다. 가사의 주인공은 친구에게 하는 인사와 말을 연습하지만, 계획대로 되지 않는다. 새로움은 긴장과 두려움을 준다. '새 학기 증후군'은 새로운 환경에 적응하지 못하고 불안을 느끼는 현상이다. 새 학기 증후군을 보이는 아이들은 일반적으로 투정이 심해지는 것은 물론 복통과 두통 등을 호소한다. 심하면 우울증이나 불안 증세를 보이기도 한다. 새 학기 증후군은 적응해야 하는 새로운 환경과 늘어나는 학습량에 대한 부담 등이 원인이다.

"이런 건지 몰랐다고!"
"이럴 줄 정말 몰랐어!"

우리는 언제 이런 말을 할까? 주로 전혀 해 보지 않은 새로운 걸 하게 될 때 또는 직접 경험해 보니 예상이나 계획과 다를 때 쓰곤 한다. 왜 아무도 알려 주지 않았을까? 자녀를 키우는 게 이런 거라고. 인생의 질문 앞에 『내가 정말 알아야 할 모든 것은 유치원에서 배웠다』라는 제목으로 답하는 책이 있다. 유치원을 안 다녀서였을까? 정말 몰랐다. 아니, 이 책에도 이런 내용은 없었다고!

내가 엄마가 아니었기 때문에 관심이 없었던 걸까? 아니면 정보가 많았는데 보지 않았거나 보이지 않았던 건가? 나는 아기와의 첫 만남 이후에 새로운 세계로 들어갔다. 지금까지와는 완전히 다른, 처음 경험해 본 신세계였다. 그 세계는 예상보다 낯설고 훨씬 피로했다. 출산하면 방긋방긋 웃는 아기와 함께 평온하고 기쁨이 넘치는 일상을 보낼 거로 생각했다. 생각의 출처를 알 수 없지만 어쨌든 그랬다.

어린 시절, 일주일에 1~2시간 정도 잠깐 보았던 이웃집 아기를 생각하고 있었는지도 모른다. 이웃집과 친해서 가끔 놀러 갔었다. 쌔근쌔근 잠든 작은 아기를 말 그대로 눈으로 보기만 했다. 그러다가 잠에서 깬 아기가 울면 잠깐 안아주었다. 곧 아기의 할머니가 오셔서 아기를 건네 안으셨다. 어린 시절에 본 가장 작은 아기는 그때가 유일했다. 겉싸개에 싸여 얼굴만 보이는 아기는 동글동글 귀여웠다. 보는 것만으로도 마음이 몽글몽글해졌다. 집은 조용하고 평온했다. 그렇게 아기를 보고 집에 돌아오면 내 일상은 달라진 게 없었다. 나는 변함없이 내 공간에서 내 생활을 했다. 그렇게 아기는 평화롭게 자고, 잠깐 울고, 금방 울음을 그치는,

조용하고 사랑스러운 존재로 머릿속에 각인되었나 보다.

아기는 밤낮 상관없이 2~3시간마다 깨서 울었다. 기저귀를 갈아 주고 수유를 하고 안아서 재웠다. 하루 이틀, 한 달 두 달, 시간이 지날수록 깊은 잠을 자지 못한 나는 점점 더 피곤해졌다. 대신해 줄 사람이 없었다. 하루 종일 일하고 들어온 남편에게 밤중 돌봄을 부탁하는 건 입이 떨어지지 않았다. 엄마인 내가 감당해야 했다. 아기가 백일이 될 때까지는 병원 외에 외출을 하지 않았다. 수술한 아기가 감기에 걸리지 않도록 주의하라고 병원에서 지침을 내렸던 터라 모든 것이 조심스러웠다. 아기가 잠들면 조용히 일어나 젖병을 씻거나 주변을 정리했다. 청소와 빨래를 하고 잠깐 책을 읽다가 모자란 잠에 취해 쓰러지듯 아기 옆에서 쪽잠을 잤다. 이런 하루가 매일 반복되었다.

첫아기를 낳고 몸조리를 제대로 하기도 전에 나는 아기의 수술과 입·퇴원으로 지쳤다. 우리 가정에 처음으로 온 아기에게 모든 신경이 집중되었다. 나를 돌본다는 것은 생각도 못 했다. "잠이 보약이다."라는 말이 있다. 샹플뢰리는 "산다는 것은 앓는 것이다. 잠은 1시간마다 그 고통을 누그러뜨린다.", 볼테르는 "신은 현재 여러 근심의 보상으로 희망과 잠을 주었다."라고 했다. 나는 보약 같고 고통을 누그러뜨리는 진통제 같은 신의 보상인 수면을 제대로 하지 못하는 중이었다.

최대 소원이 아무도 없는 곳에서 스스로 일어나고 싶을 때까지 늘어지게 잠을 자는 것이었다. 언제쯤이면 푹 편안하게 잘 수 있을까. 휴일에 잠깐 아기를 남편에게 맡겨도 엄마와 있을 때 더 잘 자는 아기를 모르는 체할 수 없었다. 하루도 빠짐없이 아기를 돌보고 아기의 작은 움직임과 목소리에도 반사적으로 벌떡 일어났다. 언제 깰지 모르는 아기 옆에서 긴장하는 게 습관이 되어 버렸다.

아기가 깰까 봐 조용조용 이야기하고 마음대로 외출할 수 없고 아기에게 매인 삶. 내가 주도적으로 선택할 수 없는 스케줄이 기한이 언제까지인지도 모른 채 무한 재생되었다. 감옥은 자유가 없는 곳이다. 창살 없는 감옥이 바로 이곳이구나 싶었다. 다만 집이라는 형태만 유지하고 있을 뿐. 창밖에 유유히 떠다니는 구름과 바람의 자유로움이 눈부셨다. 날아다니는 새가 나보다 나아 보였다. 어디로든 자유로이 갈 수 있으니까. 거리를 마음껏 오가는 사람들이 부러웠다. 분명 각자의 고민이 있을 테지만 그런 표정들은 멀리에서는 보이지 않았다. 자유로운데 자유롭지 않고 내 몸인데 내 몸 같지 않은, 그게 바로 육아였다. 가장 작고 약한 아기가 가장 큰 힘을 가지고 나를 지켜보았다. 집 안 가장 큰 권력자와 감옥의 교도관은 다름 아닌 자기 목도 스스로 가누지 못하는 가장 어린 아기였다.

하루는 한 신문 기사를 보고 배꼽을 잡았다. 하루 6시간 이상 수면하지 못하면 신체가 '골룸'처럼 변할 수도 있다는 내용과 함께 이미지 하나가 게시되어 있었다. 수면 시간이 부족하면 급격한 피부 노화, 구부정하게 굽은 자세, 가늘어진 모발, 비만, 당뇨병을 포함해 심장에 무리가 갈 수 있는 질환에 걸릴 위험이 더 크다며 하루 평균 7~9시간의 수면을 권장했다. 그래, 어디에선가 본 듯 익숙한 모습이었다. 머리카락은 헝클어지고 세수는 제대로 하지 못해 얼굴은 푸석하고, 수유하느라 어깨와 허리가 구부정했던 내 모습이 골룸과 겹쳐 보였다. 6시간'만' 자도 골룸처럼 변한다는데 6시간'만이라도' 통잠을 잘 수 있다면 더 바랄 것이 없었다.

아기와의 어색한 첫 만남은 내 계획대로 되지 않았다. 유동적이고 예측 불가능한 생활. 꼼짝 못 하게 하는 아기에게 적응하느라 완전히 달라져 버린 삶의 환경. 골룸처럼 변해버린 자기 모습에 슬프고 안타까움에도 불구하고 아기를 먼저 챙기는 나. 마이 프레셔스(my precious)인 자녀를 위해 수면과 모발과 피부와 자세와 모든 것을 바친, 흡사 골룸과 비슷해진 어머니들. 그 시절의 나와 세상의 모든 어머니께 깊은 존경과 위로를 전하고 싶다. 큰 소리로 외치고 싶다. 나는, 당신은, 우리는 골룸이 아니라고! 세상에서 가장 소중한 보석을 가진 그리고 그 보석에게 가장 아름답고 우아한 여왕이라는 사실을.

8
꿈에 다가가고 싶었을 뿐

사람은 누구나 '이상향'을 가지고 있다. 비전과 꿈을 찾아가는 과정 중에 비전 보드를 만들기도 한다. 비전 보드는 꿈을 이미지화하는 것이다. 원하는 꿈과 비슷한 그림이나 이미지를 잡지나 신문·사진 등에서 고르고 오려서 보드에 붙인다. 학창 시절부터 나도 모르게 끌리는 모습이 있었다. 단정한 머리카락, 정갈한 정장 옷차림, 반짝반짝 빛나는 구두, 한 손에는 서류를 들고 화이트보드 판 앞에서 열심히 설명하고 있는 모습. 경력을 쌓은 커리어우먼의 모습이다. 〈악마는 프라다를 입는다〉의 미란다 프리슬리의 세련되고 냉철하고 이성적이면서 전문적인 모습 또는 백지연·김주하 앵커처럼 단정하고 당당하고 지적인 이미지 말이다.

나는 아담한 체구 탓에 귀엽다는 말을 듣곤 했다. 그런데 나는 귀엽다는 말보다 '멋있다'라는 말을 좋아한다. 나는 멋있어지고 싶었다. 하지만 어린 아기를 양육하는 내 모습은 멋있는 것과는 한참이나 멀어진 듯 보였다. 머리를 감지 못하고 제대로 씻지 못하는 날들이 이어졌다. 한번 외출하려면 아기를 챙기면서 짐을 싸느라 선크림도 제대로 바르지 못했다.

모유 수유를 해서 옷은 목덜미가 죄다 늘어졌고 편하고 헐렁한 면 소재의 옷만 입었다. 아이는 바쁜 아빠보다는 엄마를 찾았다. 대부분 시간이 아이를 위해 사용되었다.

'1만 시간의 법칙'이라는 말이 있다. 한 분야의 전문가가 되려면 최소한 1만 시간 정도의 훈련이 필요하다는 법칙이다. 미국 콜로라도 대학교의 심리학자 앤더스 에릭슨이 세계적인 바이올린 연주자와 아마추어 연주자 간 실력 차이는 대부분 연주 시간에서 비롯된 것이라고 연구 결과를 말했다. 계산을 해봤다. 하루에 전문 분야의 지식과 기술을 5시간씩 연마해도 5년이 넘는 시간이 필요하다. 공휴일과 명절과 주말을 빼면 기간은 더 길어진다. 하루에 5시간이라. 하루 중 나만을 위한 2~3시간도 가지기 어려운 현실인데. 수면이 부족한 여러 날과 꼼짝 못 하게 하는 아기와 신경 써야 할 많은 일들로 나는 숨 죽은 배추처럼 절여지고 있었다.

일을 할 때 완전히 집중하고 몰입해서 몇 시간씩 하는 스타일이다. 그래서 아주 조용하고 어떤 방해도 없는 환경에서 일하는 것을 좋아한다. 남자는 어떤 한 가지에 집중하면 주변을 잘 못 느끼지만, 여자는 육아와 집안일 등 여러 가지를 동시에 잘하는 모습을 표현한 그림을 본 적이 있다. 그런데 나는 그 그림과 반대였다. 멀티가 안 됐다. 아기를 돌볼 때는 아기에게 온전히 집중하고 청소할 때는 청소, 요리할 때는 요리만 했다. 한 가지에 집중력이 높았고 한 가지씩 집중해서 하는 걸 선호한다. 그런 내게 동시다발적이고 끊임없는 육아와 집안일은 말문이 턱 막혔다. 일에 집중하다 보면 어느새 아이는 옆에 와 있거나 나를 찾았다. 깊이 몰입하고 싶은 나만의 시간은 방해받고 있는지도 모르게 사라져 버리기 일쑤였다.

노벨 경제학상 수상자이자 하버드대 경제학과 첫 여성 종신교수인 클라우디아 골딘이 2025년 2월 18일 칼럼에서 '아기와 거시경제'라는 제목의 연구 결과를 발표했다. 남성이 가사 노동을 더 많이 하는 곳에서는 출산율이 더 높고, 그렇지 않은 곳에서는 더 낮다며 세계 최저 출산율을 보인 한국을 대표적인 사례로 지목했다. 한국 여성은 남성보다 매일 3시간 더 많은 가사 노동을 하는 것으로 조사됐고, 한국과 일본에서 여성이 남성보다 다섯 배 더 많은 무급 가사와 돌봄을 하고 있다고 언급했다.

하루 종일 분주했고 그래서 지친 게 분명했다. 그런데 집안일과 육아는 결과물이 뚜렷하게 보이는 장르가 아니었던 거다. 사회에서는 맘충이라며 전업주부를 조롱하고, 집에서 남편 등골 빼먹는 게으른 사람으로 표현하기도 한다. 어떤 남편은 그런 아내를 무시한다. 하루 종일 열심히 산 대가가 초라해 보인다. 첫째 아기가 태어나고 1년간 육아휴직을 했다는 한 아빠에게 질문했다.

"해 보시니 뭐가 더 나은 것 같으세요?"

질문이 떨어지기가 무섭게 한 치의 망설임도 없는 대답이 돌아왔다.
"일하러 가는 게 나아요. 제가 살기 위해서 다시 일을 시작했어요."

클래식을 즐겨 들었다. 몸은 시멘트 건물 안에 갇혀 있지만 마음만은 유럽의 아름다운 거리를 여유롭게 걷고 있는 기분이 들어서이다. 현실은 바쁘고 정신없지만 그렇게 여유를 동경했다. 〈미생〉이라는 드라마에 워킹맘 선 차장이 나온다. 똑똑하고 야무진 커리어우먼이다. 사원 중 한 명이 셋째를 임신하고 야근을 반복하다 쓰러지자 남자 상사들은 애를 몇이나 낳냐며 면박을 주었다. 임신 사실을 숨기고 야근한 이유를 묻는 신입사원에게 선 차장이 대답했다.

"말 못 했을 거야. 셋째는 좀 무리이긴 하지. 워킹맘은 늘 죄인이지. 회사에서도 죄인, 어른들께도 죄인."

아빠 또한 늘어난 가족을 먹여 살리느라 고군분투한다. 그러나 남성이 여성보다 승진이 빠른 건 달라지지 않은 직장 환경 덕일 거다. 대부분 아기에게 꼭 필요한 엄마가 아기를 전담한다. 남편이 들으면 손사래를 칠 말이겠지만 출근하거나 박사 과정을 공부하기 위해 집을 나서는 남편의 뒷모습이 아련하게 부러웠다.

엄마가 멋진 '커리어우먼'이 되기 위해서는 넘어야 할 장애물이 한둘이 아니다. 나만을 위한 시간을 가지기도 전에 장애물을 하나둘씩 넘느라 에너지가 모두 소모된다. 퇴근한 아빠가 집에 있는데도 엄마에게만 이야기하는 아이들에게 어느 날 말했다. 아빠가 집에 오시면 아빠와 대화하라고. 말할 힘조차 남아 있지 않았다. 그러나 금세 옆에 와서 조잘거리는 아이들을 다시 아빠에게 보낼 만큼 나는 모질지 못했다.

멋진 커리어우먼이 되기 위해 지금보다 얼마나 더 분초를 아껴 써야 할까. 머리가 지끈거렸다. 하지만 그 수밖에 없었다. 달리 다른 방법이 보이지 않았다. 모자란 잠을 더 줄이고 이미 바삐 움직이고 있는 몸을 더 빠르게 움직일 수밖에. 나만의 커리어를 위한 시간을 언제 채울 수 있을까. 그날이 오기는 할는지. 엄마들이 행복하게 육아하고 미래의 자신을 위해 투자할 수 있는 세상은 너무 이상향인가. 꿈에 그리는 커리어우먼으로 살아갈 수 있을지 아득하게 느껴졌다. **그저 꿈에 다가가고 싶었을 뿐인데 너무 큰 욕심이었을까. 선명하지 않은 미래가 마치 뿌연 안경 같았다.** 어떻게 닦아야 하는지, 어디에서부터 닦아야 하는지 알 수 없는 채로 나는 길을 헤맸다.

부록 1 번아웃 자가 체크리스트

MBI-GS

M: 번아웃 연구로 유명한 미국의 심리학자 크리스티나 매슬랙(Christina maslach)
B: 번아웃(burnout)
I: 목록(inventory)
GS: 일반조사(general survey)

	항목	전혀 아니다			보통			매우 그렇다
1	내가 맡은 일을 하는 데 있어서 정서적으로 지쳐 있음을 느낀다	0	1	2	3	4	5	6
2	직장 일을 마치고 퇴근 시에 완전히 지쳐 있음을 느낀다	0	1	2	3	4	5	6
3	아침에 일어나서 출근할 생각만 하면 피곤함을 느낀다	0	1	2	3	4	5	6
4	일하는 것이 나를 하루 종일 긴장하게 한다	0	1	2	3	4	5	6
5	내가 맡은 일을 수행하는 데 있어서 완전히 지쳐 있다	0	1	2	3	4	5	6
6	현재 맡은 일을 수행하는 데 있어서 완전히 지쳐 있다	0	1	2	3	4	5	6
7	내가 맡은 일을 하는 데 있어서 소극적이다	0	1	2	3	4	5	6
8	내 직무 기여도에 대해 더욱 냉소적으로 느낀다	0	1	2	3	4	5	6
9	내 직무의 중요성이 의심스럽다	0	1	2	3	4	5	6

	항목	매우 그렇다		보통				전혀 아니다
10	나는 직무상 발생하는 문제들을 효과적으로 해결할 수 있다	0	1	2	3	4	5	6
11	내가 현재 소속된 직장에 효과적으로 기여하고 있다고 느낀다	0	1	2	3	4	5	6
12	내가 생각할 때 나는 일을 잘한다	0	1	2	3	4	5	6
13	나는 직무상 무언가를 성취했을 때 기쁨을 느낀다	0	1	2	3	4	5	6
14	나는 현재 직무에서 가치 있는 많은 일들을 이루어왔다	0	1	2	3	4	5	6
15	나는 직무상 일을 효과적으로 처리하고 있다는 자신감을 가지고 있다	0	1	2	3	4	5	6

✽ 1~5번 : 정서적 소진에 대한 문항
✽ 6~9번 : 냉소 또는 비인격화에 대한 문항
✽ 10~15번 : 자기 업무 효율, 효능감, 개인적 성취감에 대한 문항 (주의: 역척도)

〈결과 분석〉

✽ 15~41점 : 일반적인 직무 소진으로 번아웃의 조짐이 보이는 상태
✽ 42~59점 : 번아웃 위험이 있는 상태
✽ 60점 이상 : 번아웃 위험이 큰 상태, 스트레스 환경에 대한 점검과 정신건강 전문가와의 상담이 필요한 수준

2
장

모르는 사이, 조금씩 무너지고 있었다

무너짐은 어느 날 갑자기 오는 게 아니었다.
어쩌면 오랫동안 소리 없는 침식이
일어나고 있었다는 사실을 모르는 체했는지도.

1
달리고 또 달리고 계속 달리고

학창 시절에 '뫼비우스의 띠'를 배웠다. 직접 만들어 보기도 했다. 뫼비우스의 띠(Möbius strip)는 하나의 면과 하나의 모서리를 가진 비정상적인 기하학적 도형이다. 일반적인 종이띠는 위와 아래 두 면이 있지만 뫼비우스의 띠는 하나의 연속된 면만 있다. 띠의 양 끝을 180° 회전시켜 붙이면 두 면이 연결되어 하나의 면이 되는 것이다. 띠의 어느 지점에서 시작해도 그 위를 따라가면 처음 시작한 곳으로 돌아오게 된다.

『엄마의 첫 공부』의 저자 홍순범 교수는 만 1~2세까지는 아기의 마음속에서 신뢰·안정·희망이 건강하게 싹을 틔워야 한다고 말한다. 아기의 생후 세 살까지가 중요하다는 말을 많이 들었다. 나 또한 그렇게 생각했다. 아기가 세 살이 될 때까지 다시 일한다는 건 언감생심이었다. 아기와 첫 만남 이후 전혀 경험해 보지 못한 미지의 세계에 적응하기만도 벅찼다. 안전사고가 집 안에서 제일 많이 일어난다는 조사 결과는 충격이었다. 집안은 가장 안전하고 오랜 시간 생활하는 곳이면서 동시에 아이에게 가장 위험한 장소일 수 있었다.

가구 모서리에 머리를 찧으면 안 되는데. 화장실에서 미끄러지려나. 작은 장난감을 삼키지는 않을까. 딱딱한 장난감을 가지고 놀다가 손가락이 끼이면 어떡하나. 아이의 일거수일투족을 살펴봐야 했다. 의자에서 넘어지거나 창문에 매달리진 않을지. 책을 넘기다 손가락이 베이면? 분유와 이유식이 너무 뜨겁거나 딱딱하지는 않은지. 5대 영양소가 골고루 들어가 있고 맛과 영양과 색깔·식감의 사박자가 잘 어우러져 있는지도 늘 살폈다.

놀이터에서도 아이에게서 눈을 뗄 수 없는 건 마찬가지였다. 놀이터는 노는 곳이라는 건 순전히 아이 관점에서다. 아이에게 세상은 왜 이렇게 위험한 것들로 가득한지. 아이는 호기심이 많고 발달단계에 따라 놀 뿐인데 지켜보는 마음은 편치 않았다. 집이든 놀이터든 집 안이든 집 밖이든 어디든 아이와 함께라면 어깨는 높은 긴장도로 딱딱해졌다. 잠은 잘 자고 잠자는 자세는 괜찮은지. 온도와 습도가 적당하고 먼지가 없어야 하는데. 심지어는 변의 농도와 색깔까지 하나부터 열까지 신경 쓸 게 끝이 없었다.

상전도 이런 상전이 없다. 365일 하루 24시간 동안 상전을 모시고 사는 기분이었다. 그렇다. 출산 전 나는 아름답고 우아한 엄마가 되리라 꿈꾸었다. 전문적이고 멋진 커리어우먼이 될 것을 바랐다. 그런데 우아함이 뭐였더라. 커리어우먼은 고사하고 나는 우아한 여왕이 아닌 종살이를 하고 있었다. 씻겨드리고 옷을 입혀 드리고 식사를 준비해 드리고 놀아 드리고 편안한 수면을 위해 청소하고 정돈하는 종 말이다. 집안의 가장 높은 왕 같은 어린아이의 편안함과 유익함을 위해 무료로 아니 자본뿐만 아니라 감정과 진심과 체력과 에너지를 다 바쳐서 섬기고 있었다.

그렇게 지극정성인 데에는 이유가 있었다. 아이의 깊은 무의식까지도 행복과 사랑과 안정감으로 채워지기를 소망했다. 사람은 자신이 가지고 있는 것을 나누어 줄 수 있다. 자신에게 없는 걸 주기 위해서는 의도적인 다짐과 노력이 필요하다. 무의식의 상처와 괴로움과 결핍으로 싸우지 않기를 바랐다. 긍정적인 곳에 쓸 에너지를 부정적인 내면을 이겨내는 것에 써버리지 않길 원했다. 마음에 심어진 풍성한 사랑과 행복이 자연스럽게 흘러나오는 아이로 자라나길 꿈꿨다. 그래서 나는 아이에게 지극정성이었다. 그게 당시 내 사명이라 생각했다.

그렇게 첫째를 키우면서 아이가 한 명 더 있으면 좋겠다고 생각하다니 과로로 판단력이 흐려진 걸까. 내가 원하는 커리어우먼에 한 걸음 다가가고 싶지만 둘째가 생긴다면 다시 멈추게 될 거다. 나는 언제 찾아올지 모르는 둘째를 기다리며 일을 하지 못했다. 그런데 둘째는 올 생각이 없나 보다. 첫째의 만 3세 생일이 다가오는 때에 둘째를 포기했다. 그동안 둘째가 언제 생길지 몰라 조심히 생활하고 있었다. 감기에 걸려도 혹시 초기 임신 기간일까 봐 감기약을 먹지 않았다.

이제부터 내가 하고 싶은 것을 하고 살아야지. 이력서를 내고 바로 일을 시작했다. 초등학교 저학년 아이들에게 들려주고 보여 줄 교구와 그림 자료와 ppt를 만들었다. 오랜만에 하는 일은 즐거웠다. 항상 그랬듯 열심히 준비했다. 포기했을 때 오히려 아기가 찾아오는 경우들이 있다고 한다. 마음이 편안하고 즐거워서였을까. 일을 시작한 지 6개월이 지났을 때 둘째가 찾아왔다. 집에서는 몸이 무겁고 어지럽고 입덧도 심한데 일을 준비하고 일터에서 일할 때는 입덧이 거짓말처럼 사라졌다.

"일하러 오면 입덧을 안 하신다니 딱 목회자시네요."

함께 일했던 분이 말씀했다. 둘째가 태어나고 한 달의 육아휴직 후 다시 복직했다. 두 아이 양육은 더 정신이 없었다. 두 아이의 필요를 동시에 들어줄 수 없을 때는 '엄마 입장 좀 들어봐!'라며 억울한 사람처럼 소리치고 싶었다. 하지만 오랜만에 시작한 일을 내려놓는 것도 아까웠다. 그렇게 5개월이 지나 남편의 직장 이동으로 이사를 가게 되어 일을 내려놓게 되었다. 그 후로 둘째와 두 살 터울의 셋째가 태어났다. "셋째는 발로 키운다고 하던데요." 살면서 누군가에게 화를 내 본 적이 거의 없었는데 욱할 뻔했다. 주변을 정리한 후 일을 시작하는 나는 5분이면 전쟁터로 급변하는 말끔하지 않은 환경에 머리와 마음까지 소란스러워졌다.

모두가 잠든 밤이 되면 이 밤이 길었으면 좋겠다는 생각이 절로 들었다. 아이는 잘 때가 제일 예쁘다는 말을 처음으로 한 사람이 누군지 모르겠지만 진리였다. 칭얼거리는 아이를 베란다에서 재우며 하늘에 떠 있는 달을 보고 있자면 육아 우울증에 걸린 엄마들의 마음이 보이는 듯했다. 시중을 들지 않아도 되는 밤은 하루 중 가장 평온하고 자유로운 시간이었다. 아침이 오는 게 두려웠다. 아침이 되어 아이들이 엄마를 부르는 소리가 맹수를 만난 듯 무서웠다. 똑같은 하루가 반복됐다. 이유식을 만들고 먹이고 치우고, 놀아 주고, 책을 읽어 주고, 외출하고, 청소하고….

내 하루는 마치 뫼비우스의 띠 같았다. 계속 돌고 도는 끝나지 않는 연속적이고 반복적인 삶. 동물원에서 작은 쳇바퀴 안에서 계속 돌고 있는 다람쥐를 본 적이 있다. 엄마가 되기 전에는 참 열심히 달린다, 귀엽다고 생각했다. 엄마가 되고 보니 다람쥐의 처지가 나와 비슷해 보였다. 동질감이 느껴져 답답하고 안타까웠다. 저 활발하고 건강한 다람쥐를 이런 곳에 있게 한다니. 쳇바퀴를 부수어서 자유롭고 넓은 세상에서 다람쥐 너라도 행복하고 자유로웠으면.

수업 시간에 종이로 만든 뫼비우스의 띠는 잘라버리면 그만이지만 삶은 그럴 수 없는 것이다. 하루하루를 버티고 해야 할 일을 해나갔다. 뫼비우스의 띠 같았던 잊지 못할 시간. 그 시절 아기의 귀엽고 통통한 모습이 가끔 그립지만, 다시 돌아가라면 'Yes'라는 말은 글쎄.

2
취미가 족쇄가 될 때

취미는 '인간이 금전이 아닌 기쁨을 얻기 위해 하는 활동, 전문적으로 하는 것이 아니라 즐기기 위해 하는 일'을 뜻한다. 어느 날 한 강의를 듣는 중, 강사가 본인은 강의하는 게 일이자 취미라며 그때 스트레스가 해소된다고 했다. 한국갤럽이 2024년 초에 조사한 결과에 따르면 게임, 운동, 등산, 영상 시청, 걷기, 음악 감상, 독서, 골프, 낚시, 여행이 취미 분야의 10위 안에 들었다. 이렇게 사람마다 취미가 다르다. 그중 '배움'이 취미인 사람도 있을까?

세상에는 다양하고 많은 책과 정보가 있다. 새로운 지식과 지혜를 얻는 일은 미지의 세계를 탐험하는 듯한 설레는 긴장감을 준다. 과학 관련 강의를 들으면 과학, 철학책을 보면 철학이 궁금해지는 나는 호기심이 있는 편이고 신학, 철학, 책, 그림책, 심리, 상담, 교육 등 관심사가 다양하다.

원래도 책과 그림책을 좋아하는데 내가 가르치는 대상인 아이들에게 잘 전해 주고 싶은 마음에 독서지도사 자격증을 공부했다. 코로나 기간이어서 영상으로 공부하고 줌(zoom)으로 시험을 치렀다. 배우다 보니 어린 나이를 대상으로 하는 과정이 궁금해졌다. 몇 달이 소요됐다. 그렇게 유아 독서지도사 자격증까지 취득했다. 이번엔 인성지도사 과정이 마음을 끌었다. 나는 인성을 중요하게 생각한다. 사람이면 사람다워야 한다. 그렇지 않은 사람을 보고 동물보다 못하다고 말하는데 이건 동물에 대한 모욕이다. 동물 중에서 사람보다 더 충직하고 감동을 주는 동물이 있지 않던가.

능력과 인성 중 한 가지만 택해야 한다면 주저하지 않고 '인성'이다. 인성이 좋은 사람은 능력을 발전시키고 점점 성장하고 성숙해질 가능성이 무궁무진하다. 능력이 있지만 인성이 좋지 않으면 롱런하지 못한다고 생각한다. 물론 인성과 능력 둘 다 좋으면 금상첨화다. 인성이 좋아도 능력이 없으면 믿고 따를 수 없고, 그 반대면 존경할 수 없으니까. 몇 주간 강의 시청과 조별 모임 및 과제, 시험과 실습 발표를 열심히 했다.

성경을 더 공부하고 싶어서 찾던 중 한 과정을 알게 되었다. 공부 과정은 1년이 걸렸다. 자격증치고 꽤 긴 시간이었고 방대한 내용이었다. 공부하고 습득하고 실제 강의 실습과 시험들을 치렀다. 촘촘하고 속도감 있게 진행되는 과정이어서 중간에 포기하는 수강생도 있었다. 조원들과 끝까지 해내자고 서로를 격려하며 결국 수료했고 강사가 되었다.

코로나는 한편으론 마음껏 배울 수 있는 시간이 되어 주었다. 아이들을 돌봐야 하는 엄마로서 시간과 공간적인 제약이 많았다. 줌(zoom)이 아니었다면 배움에 대한 열망만으로 아쉽게 끝났을 텐데, 집에서 배울 수 있는 황금 같은 기회였다.

코로나 기간에 영상으로 예배를 드렸기 때문에 주중에는 예배와 프로그램의 영상들을 찍고 편집했다. 영상을 찍고 편집하는 건 직접 가서 일하는 것보다 더 많은 시간이 소요됐다. 그동안 영상을 찍어만 봤지, 편집을 해 보진 않았다. 그렇다고 아이들이 보는 것을 대충 할 순 없는 일이었다. 편집도 귀엽고 재미있는 요소가 있어야 한다. 컴퓨터로 하는 편집은 귀여운 이모티콘이나 템플릿이 없었다. 유튜브를 보며 영상 편집 앱을 다운받아 하나씩 따라 했다.

영상의 처음부터 끝까지 나만 나오는 건 별로였다. 몸은 떨어져 있지만 함께 하고 싶었다. 반별 공지를 통해 아이들이 집에서 율동하는 영상을 받았다. 또 다양한 설교자료를 준비했다. 그림을 그리고 오려서 다양한 자연을 배경으로 촬영하고 동료의 목소리를 녹음해서 영상에 넣었다. 퀴즈 판을 준비해서 퀴즈를 내고, 아이들 얼굴로 종이 인형을 만들어서 목소리를 입히고, 적절한 이모티콘과 어울리는 음악으로 편집했다. 핸드폰을 잡고 끙끙대며 하다 보면 몇 시간이 훌쩍 지나갔다. 작은 화면에서 영상을 오리고 붙이고 늘리다 보니 눈도 뻑뻑해졌다.

"영상이 참 재미있어요."
"편집 어떻게 하셨어요? 가르쳐 주세요."

취미를 마음껏 누린 황금 같은 시간이었지만 그만큼의 에너지가 쓰였다. 세 자녀가 모두 초등학생 이하였고 코로나로 가정학습을 하고 있었다. 한참 활동적인 나이의 아이들과 몇 날 며칠, 아니 끝을 알 수 없는 몇 달의 시간이 이어졌다. 공공장소 출입 금지령이 떨어져서 집에서만 지내야 했다. 아이들 보육과 식사와 놀이 그 와중에 영상 촬영과 편집, 새로운 배움들까지. 그렇게 집안에서 더 바빠진 시간을 보냈다. 아이들이 학교로 복귀하게 된 날 이야기했다. 엄마가 이제 좀 쉬고 배우는 건 그만하겠다고. 그러던 어느 날 또 다른 호기심이 발동했다. 남편과 나누는 얘기를 듣던 아이들이 물었다.

"엄마, 또 뭐 배워요?"
"인제 그만 배운다면서요?"
"하하. 그러게…."

멋쩍게 웃으며 말끝을 흐리다가 덧붙였다.

"그랬었지. 근데 이게 말이지…."

변명 아닌 변명을 아이에게 늘어놓는다. 왜 배우고 싶었고 배워야 하는지, 배우면 좋은 점이 무엇인지, 이걸 배워서 엄마는 뭘 하고 싶은지를 자세히 브리핑했다. 아이도 어린 마음이지만 못내 엄마가 걱정되었나. 잘 준비해서 전해 주고 싶은 열망에서 시작된 배움들이 내 취미였나 보다.

그렇게 나는 좋아하는 취미에 발목 잡혔다. 취미를 끊은 사람을 본 적이 있는가? 운동이든 악기든 노래든 낚시든 등산이든 더 열중하고 더 많은 시간을 할애할지언정.

3
여자 목사는 처음 보시나요?

"여자 목사님은 처음 본다. 그치?"

한 어머니가 본인의 자녀에게 나를 소개하는 마무리에 한 말이다. '하아….' 속에서 한숨이 쉬어졌다. 신앙생활을 오래 한 젊은 어머니 입에서 이런 말이 나올 정도라니 한국교회 현실 속에 여성 목사의 현주소가 보이는 듯해서였다. 한국교회 여러 개의 교단 중 여성 목사를 허락하는 곳도, 반대하는 교단도 있다. 내가 속해 있는 교단은 장로교(통합)로 우리나라에서 가장 큰 개신교 교단 중 하나이다. 여성 안수가 1994년 통과되면서 올해 31주년을 맞았다.

그러나 현장에 여성 목사가 많지 않다. 목사 안수를 안 받기도 못 받기도 하고 다른 일을 하기도 한다. 대형 교회를 봐도 전체 부목사 중 여성 부목사의 비율은 10%를 넘지 못한 곳이 많다. 주변의 여자 동기들은 출산 후 오래도록 가정에 집중하고 있거나 교육 전도사로 일하고 있다.

장래 희망이 목사였던 건 아니었다. 신학대학교 입학 후, 선배님들 앞에서 자기소개하는 시간이 있었다. 단골 질문은 '이 학교에 온 이유와 동기'에 관한 거였다. 사모가 되기 위해서 왔다는 동기가 신기했다. 나는 목사도 사모도 절대 되지 않겠다고 항상 생각했었다. 그 길이 굉장히 고단하고 어렵게 느껴졌다. 목사라는 단어가 주는 무게감이 적지 않았다. 그래서 동기의 그런 각오가 대단하다고 생각했고 존경스러웠다. 돌이켜 보면 내가 좋아하고 하고 싶은 일을 집중적으로 할 수 있는 게 목사였을 뿐이었다. 한결같았던 열망이 '성경을 올바르고 깊이 있게 그러면서도 쉽고 재미있게 알려 주고 싶다.'였으니까. 그래서 기독교 교육 학사를 졸업하고 성경을 더 깊이 배우고자 신학대학원에 지원했다.

신학대학원 입시 시험 전에 노회(각 교회의 목사와 장로 대표들이 모이는 모임)에서 면접을 보는 절차가 있다. 목사님과 장로님 몇 분이 면접관이었다. "왜 신학대학원에 가려고 하는가?"에 대한 질문에 한결같은 생각을 말씀드렸다. 갑자기 목사님 한 분이 버럭 소리를 높이셨다.

"신학대학원을 목사 되려고 가는 거지! 다음부터 누가 물어보면 목사 되려고 간다고 하세요!"

분명히 존댓말인데 반말처럼 들리는 건 왜인지. 내 대답이 그렇게 반응하실 정도로 잘못된 건지 모르겠지만 어른에 대한 예의로 '네.'라고 대답했다. 내 대답이 틀렸다고 생각하지 않는다. 신학대학원 입학 목적이 성경을 깊이 공부하고 싶어서 가는 학생들도 있었으니까. 무엇 때문에 화가 나셨는지 모르겠지만 나는 영문 없이 당한 기분이었다. 마음이 상했다. 공부하고 싶은 마음이 잘못이었는지, 도대체 뭐가 못마땅하셨던 걸까.

신학대학원 입시 시험 2차는 교수님과의 면접 시간이다. 오랜 대기 후 떨리는 마음으로 면접실로 들어갔다. 교수님 세 분이 앉아 계셨다. 그중 가운데 앉으신, 세 분 중 가장 연장자로 보이는 교수님이 질문을 시작하셨다.

"지금 당장 순교해야 하네. 그럼 할 수 있나?"

인사도 없이 첫 질문치고 강하고 단도직입적이었다. 말씀에 대한 열망으로 가득했던 나는 망설일 게 없었다.

"네, 할 수 있습니다!"
"오, 그래요? 음, 아직 결혼도 안 했고. 맞죠? 앞으로 할 일이 많을 텐데 순교할 수 있겠다고요?"
"네, 결혼은 중요하지 않습니다. 할 수 있습니다!"
"그래요? 음… 대단하네."

칭찬인지 뭔지 알 수 없는 느낌의 대단하다는 말과 함께 질문장에 잠시 침묵이 흘렀다. 분위기를 풀어주시려는 듯 다른 교수님이 부드러운 미소를 띠시며 질문을 이어가셨다. 집에 돌아와 이불에 얼굴을 파묻었다. 내 진심과는 달리 대답은 너무 간결했을까. 내 진심이 교수님들께 닿지 않은 건 아닐까. '하나님은 제 마음과 진심을 아시지요.' 한참을 울며 기도했다. 20대 중반이었다. 결과는 합격이었다.

신학대학원을 졸업했다. 졸업한 해에 목사고시를 보았다. 과목별 시험을 보고 마지막 면접이 남았다. 학생들은 각 면접장 교실 앞에서 수험표대로 줄을 서서 대기하고 있었다. 검정 정장의 남학생들 틈에 여학생들이 간간이 보였다. 머릿속에 성경과 예상 질문에 대한 대답을 끊임없이 생각하고 준비했다. 드디어 면접실에 두 명씩 들어갔다. 세 분의 면접관 목사님이 옆에 있는 남학생에게 먼저 질문을 던지셨다.

"결혼했는가?"
"네, 했습니다."
"교회와 가정에 둘 다 큰일이 생겼네. 그럼, 자네는 어디로 갈 건가?"

오, 이런 질문이라니. 나는 머릿속으로 같은 질문에 대한 답을 생각했다. 이런 대답을 생각한 자신을 잠시 대견해했다.

"네, 교회로 가겠습니다!"

지체함 없이 씩씩하고 단호한 대답이었다. 복도에서 잠깐 이야기를 나눌 때 젊고 스마트하다는 생각이 들었었다. 남학생의 대답이 진심이라면 가족이 안쓰럽고, 가짜라면 솔직하지 못함에 아쉬웠다.

"그럼, 그래야지."

원하는 대답이었는지 목사님들은 흡족해하셨다. 그리고 몇 번의 질문과 대답 후 드디어 내 차례가 되었다. 첫 질문 후 이어진 질문들에 나는 당황스러웠다.

"결혼했는가?"
"네."
"아기가 있는가?"

남편은 무슨 일을 하는지, 남편이 목사 안수를 허락했는지, 출산 계획은 없는지, 아기는 몇 명 낳을 건지, 왜 굳이 목사까지 되려고 하는지 등의 질문이 이어졌다. 옆의 남학생과는 완전히 다른 질문이었다. 예의 있고 성의 있게 대답 후 면접장을 나오는 내 속에서는 뜨거운 불이 일렁거렸다. 옆 학생과 다른 질문 폭격을 받은 이유는 내가 '여자'라는 것밖에 없다는 생각이 들었다. 나는 하나님께 나지막이 말씀드렸다.

"저 다시는 이곳에 오기 싫습니다. 못 오겠습니다."

모든 과목이 합격이었다. 한 번에 그런 경우가 흔치 않았다. 시험장 감독관이셨던 목사님을 우연히 뵈었을 때 "시험 참 잘 쳤어."라고 말씀하셨다. 내가 입 밖으로 꺼낼 기회가 없었던, 옆 남학생에게 던져진 질문에 대한 대답은 이것이었다.

"도와줄 분이 없는 곳으로 가겠습니다. 만약 교회에 저 말고 도와줄 분이 있고 가족을 도울 사람이 없으면 가족에게로, 가족을 도와줄 분이 있다면 교회로 가겠습니다!"

4
이렇게까지 하는 이유

 모든 직업에는 보람찬 순간이 있다. 소방관은 불을 끄고 생명을 구했을 때, 의사는 환자가 건강을 회복할 때, 작가는 독자들이 글을 통해 교훈이나 깨달음을 얻을 때, 교사는 학생의 변화와 성장을 볼 때 등등. 직업의 종류와 상관없이 가장 보람찰 때는 직업과 사명에 최선을 다하고 또 그런 만큼 결과나 피드백이 좋을 때일 거다.

 목사가 가장 보람찬 순간은 언제일까? 한국장로교회 헌법 제25조에서 목사의 직무를 다음과 같이 말한다. '하나님의 말씀으로 교훈하며, 성례를 거행하고, 교인을 축복하며, 장로와 협력하여 치리권을 행사한다.' 그중에서 중요한 비중을 차지하는 것은 하나님의 말씀으로 교훈하는 것, 곧 설교와 가르침이다.

 성경은 믿음의 눈으로 보면 단순하고 쉽지만 깊이 있게 파악하려면 한없이 어렵다. 어린아이의 순수한 눈으로 보면 간단하지만 잘 전하려면 공부하고 연구하고 해석하고 기도하고 적용해야 한다. 성경이 쓰인 당시의 역사와 언어와 문화도 파악해야 한다. 제대로 준비하려면 끝이 없다. 설교는 항상 어렵고 긴장됐다. 오래 해 왔고 좋은 피드백을 받았지만 그럼에도 매번 어려웠다. 크고 높으신 조물주의 말씀을 감히 작고 연약한 피조물이 전한다는 건 큰 부담이었다. 설교로 인해 성도의 영혼이 생명과 사망을 오갈 수 있다는 중압감이 나를 짓눌렀다. 영의 양식인 성경으로 성도를 잘 먹이고 살찌우고 길러야 한다는 사명감이 무거웠다.

신학대학원 재직 중 예배학 교수님의 강의를 들었다. 외모만큼이나 강직하셨던 교수님이 항상 강조하시던 말씀은 '설교자는 성언운반일념(聖言運搬一念)의 마음으로 설교해야 한다.'라는 것이었다. '성언운반일념(聖言運搬一念)'은 '거룩한 말씀(성경)을 운반하는 오직 하나의 마음'이라는 뜻이다. 목사는 설교에 본인의 뜻과 생각을 넣지 않고 오직 하나님의 말씀을 그대로 잘 전달해야 한다. 성경에 다른 사상이나 본인 생각을 마음대로 섞으면 이단이 된다.

어떻게 하면 이 말씀을 잘 전할까. 지금이라는 시간과 상황에서 나와 아이들과 성도에게 하시는 말씀이 무엇인지 고민하고 묵상하고 기도했다. 몇십 분 남짓의 설교를 위해 몇 시간, 몇 날을 준비했다. 생각이 잘 나지 않을 때는 답답했다. 아이들과 함께 할 프로그램은 주제에 맞는 의미를 담기 위해 연구하고 구상했다. 아이들이 다양한 경험과 통로를 통해 성경을 보고 만지고 느끼기를 바랐다. 목사가 설교만 한다고 생각하면 오산이다. 설교, 프로그램, 아이들, 학부모, 교사, 부서 전체를 각각 그리고 통합적으로 신경 쓴다. 물론 대놓고 티를 내진 않지만. 부서를 책임지는 리더가 아니고 목사의 일이 아니었다면 마음이 조금은 덜 무거웠으려나 하는 생각이 자주 들었다.

성인 예배 설교는 순서에 따라 돌아가면서 했다. 한편의 설교를 위해 한 달 전부터 준비했다. 시시때때로 성경 본문을 생각했다. 그러다 깨달음이 있을 땐 잊을세라 부랴부랴 종이와 펜을 찾았다. 종이와 펜이 없을 때는 핸드폰 메모장에 적었다. 운전 중일 때는 잊지 않기 위해 머릿속으로 계속 되뇌었다. 여러 번 묵상한 말씀 속에서 깨달음을 주신 주제를 중심으로 설교를 구성한다. 주제에 맞는 서론과 본론과 결론을 적는다. 예화나 다른 이야기는 본문 주제에 맞는 것만 최소한으로 넣는다. 성경만 해석하고 설명하기에도 시간이 부족하고 그것만으로도 은혜롭다. 그렇게 설교 전까지 덧붙이거나 빼며 수정한다. 흡사 자녀에게 영양가 있는 밥을 먹이기 위해서 오랜 시간을 정성껏 요리하는 엄마의 마음과 같다. 이렇게까지 하는 이유는 영양가 있는 성경 밥을 드리고 싶어서다.

사람들은 내가 안 떤다고 생각하지만, 설교단에 올라가기 전까지도 떨린다. 설교 전에 항상 이렇게 기도했다.

'제가 이 자리에 서는 목적은 오직 하나님과 말씀뿐입니다. 잘 전하는 역할만 감당하고 내려오게 하여 주소서. 오늘 제 입을 통해 주시는 말씀으로 한 분이라도 깨달음을 얻고 변화와 성장이 있다면… 하나님께 더

가까이 가게 되기를 바랍니다.'

구약시대에 번제를 드리는 마음으로 설교단에 선다. 그리고 마지막 기도를 올리고 설교를 시작한다.

'제가 정성과 진심과 온몸으로 드리는 설교를 기쁘게 받아 주시기를 원합니다.'

설교를 마치고 내려온다. 준비하며 받았던 동일한 은혜를 성도님들도 받으셨을까? 여전히 심장이 쿵쾅댄다. 손가락으로 엄지척 하시는 분, 활짝 밝게 웃으며 가시는 분들을 뵈니 다행이다 싶다. 연세 지긋하신 권사님이 오셔서 두 손을 꼭 잡으시며 "말씀에 정말 은혜 많이 받았어요."라고 연거푸 같은 말씀을 반복하신다. 감사의 고백이 저절로 나온다. 그동안의 고단함이 눈 녹듯 사라진다.

"목사님 말씀 듣고 저 이런 거 깨달았어요!"
"목사님 말씀은 지루하지 않아요. 재미있는데 또 되게 은혜로워요."
"제가 일주일 동안 정말 지쳤거든요. 그런데 목사님 설교 들으면서 다시 힘을 얻고 해서 교회 오는 게 정말 좋았어요."
"목사님이 하신 프로그램 저희 아이가 너무너무 좋아해요. 이런 성경 프로그램을 해 주셔서 정말 감사해요."

목사로서 가장 보람찬 순간이다. 가슴이 벅차오르고 있을 때 한 분이 말씀하셨다.

"목사님, 어른 설교 자주 해 주시면 안 돼요? 저는 이렇게 목사님의 몸과 영혼 전체를 관통한 설교를 자주 듣고 싶어요!"

손사래를 치며 얼른 자리를 피했다.

"아이고, 아니에요. 저도 살아야지요."
'자주 하면, 여러 번 관통하면 저 진짜 쓰러질지도 몰라요.'

짧은 순간의 보람을 위해 긴 시간을 투자하고 애쓰는 것. 힘들지만 보람차고 보람차면서 또 힘이 드는 건 피할 수 없는 인간의 숙명인가 보다.

나를 위로하는 길
마음에 스며드는 따뜻한 숨

천천히 깊게 심호흡하기

"괜찮아." 대신 "힘들었지."라고 말해 주기

깊이 생각하지 않기

조용한 곳에서 따뜻한 차를 마시기

아무것도 하지 않고 푹 자기

좋아하는 음악 한 곡을 반복해서 듣기

나에게 아름다운 것을 보여 주기 (그림, 책…)

5
달콤한 웃음에 홀린 게 분명해

"홈페이지에서 너 보고 깜짝 놀랐잖아!"
"왜?"
"토끼 모자 쓰고 있어서!"

오랜만에 친구에게서 전화가 왔다. 놀라워하는 친구와 달리 나는 대수롭지 않은 듯 대답했다.

"아, 그거. 봤어?"
"너 왜 이렇게 변한 거야?"
"나? 더한 것도 해. 바닥에 구르고 춤도 추고… 나 개그맨이야."
"대단하다야."
"하하. 아이들을 위해서라면 다 해야지."

나는 아이들을 위해서 별걸 다 했다. 그중 토끼 모자는 기본이고 양호한 편이다. 유치부 아이들을 만날 때 원래는 전신 토끼 옷을 입었는데 더

운 여름이 다가오면 토끼 모자나 머리띠로 바꿨다. 토끼처럼 눈이 땡그랗고 귀엽게 생겨서가 아니다. 오히려 나는 눈이 작고 조금 올라간 모양이어서 토끼 눈과는 거리가 멀다. 이렇게 하는 데는 이유가 있었다. 토끼의 가장 큰 특징은 크고 긴 귀다. 큰 귀 덕분에 뛰어난 청력을 가지고 있다. 아이들이 귀를 쫑긋하고 잘 듣기를 바랐다.

도입 부분은 항상 중요하다. 도입 부분에서 흥미를 끌지 못하면 아이들의 집중력이 이어지지 않는다. 당연히 본론과 결론에도 심혈을 기울였지만, 도입 부분을 새롭고 재미있게 하기 위해서 연구하고 노력했다. 장난감 자동차를 타고 등장하고 나팔을 불거나 악기 연주를 했다. 아이 가방을 메고 걸어가다 넘어지는 시늉을 하고, 이야기 등장인물처럼 힘겨운 표정으로 기어갔다. 반짝반짝 빛나는 안경을 쓰고 슈퍼맨처럼 망토를 달고 빙글빙글 돌았다. 과일 도시락을 싸서 나눠 주고, 큰 하트를 옷에 붙였다. 춤추는 건 기본이고 등장할 때 아이들 뒤에 숨어 있기도 했다. 나를 부르는 아이들의 목소리와 초롱초롱한 눈빛에는 기대감으로 가득했다. 그것을 차마 저버릴 수 없어서 변신을 거듭했고, 아이들은 나이답지 않은 집중력으로 어른들의 감탄을 끌어냈다.

설교 마무리 단계에서는 아이들과 함께한 부모님과 선생님의 참여를 유도했다. 자녀를 키우는 일주일이 마냥 행복하지만은 않으셨을 테다. 나도 삼 남매를 키우며 녹록치 않은 시간을 보내봤고 또 보내고 있었다. 엄마들의 마음은 말하지 않아도 충분히 느껴졌다. 지친 기색이 역력한데도 모이는 모습이 귀했다. 잠시나마 웃을 수 있고 교회 오는 길이 기쁘기를 바랐다. 꿀보다 단 말씀의 맛을 공유하고 싶었다. 즐거움으로 열린 아이들 마음에 말씀이 잘 남기를 소망했다. 까르르 웃는 아이들의 웃음소리는 피로회복제였고 가식 없이 웃는 눈은 딸기라떼보다 달콤했다. 아이들과 함께 빵 터지는 어른들의 웃음이 탄산음료처럼 청량하고 시원했다.

"목사님 설교와 보여 주시는 그림 자료들이 참 좋대요."

한 부모님의 말씀을 선생님이 전해 주셨다.

"다행이네요. 감사합니다."

아이들이 들어오는 출입문과 복도가 항상 거슬리게 신경 쓰였다. 몇십 년 전에 멈춘 듯, 어둡고 우중충한 공간이었다. 오래되고 바랜 신발장과 갈색 문, 휑하고 허전한 흰색 벽. 환경이 주는 다양한 교육적인 효과가 있는데 이 공간이 힘을 발휘하지 못하고 있는 것 같아 아쉬웠다. 코로나가 끝나고 현장으로 모이게 될 날, 아이들에게 선물을 주고 싶었다. 원하는 콘셉트를 찾아 일주일 동안 인터넷을 검색하며 50여 개의 사진을 골랐다. 그중에서 각기 다른 느낌의 시공 업체 서너 군데를 뽑아 견적을 의뢰한 결과 예상보다 몇 배 높은 금액이 나왔다. 하지만 포기하고 싶지 않았다.

잠시 고민하다 시공 방법을 셀프 인테리어로 전환했다. 추후 새롭게 인테리어를 하게 될 경우, 부담은 적고 변화하기에는 유용할 테다. 최소 비용으로 최대의 효과를 내는 방향으로 계획을 전면 수정했다. 복도와 벽 도면 위에 가구와 소품들을 대략 그려 넣었다. 시각적으로만 예쁜 것이 아니라 큰 물품에서 작은 소품 하나까지도 기독교적인 의미를 담고 싶었다. 정해진 예산 내에서 튼튼하고 소재가 좋으며 디자인적으로 귀여우면서도 의미 있는. 이 조건에 충족하는 물품들을 찾느라 꼬박 2주를 컴퓨터 앞에 앉았다. 아이들과 선생님들께 깜짝선물로 드리기 위해 임원 선생님들과만 계획과 과정을 공유했다. 3주 안에 완성될 것이라고 말씀드리고 임원 선생님들의 응원을 받으며 주문을 시작했다.

집 모양의 벽면 자석 보드, 곰돌이 모양 자석, 신발을 갈아 신기 편한 벤치 의자와 동물 스툴들과 알록달록한 유아 의자들, 올리브 나무와 꽃 조화, 기도하는 예수님 모습의 십자가, 집 모양 선반, 양 인형, 성경 인물 블록, 성경의 장면이 그려진 그림 액자 등등. 먼저 페인트 업체를 통해 지저분한 벽을 깨끗하게 칠했다. 출입문과 화장실 문을 알록달록 밝은색으로 칠하고, 기존의 투박한 철제 손잡이를 문 색깔에 맞추어 동글동글한 손잡이로 바꿨다. 벽면과 출입문의 페인트가 마르자마자 속속히 도착한 물품들을 벽면에 설치하기 시작했다. 오래된 신발장은 밝은 색상으로 교체하고, 그 위에 말씀 액자와 앙증맞은 화분과 장식품을 올렸다. 벽면 자석 보드에는 아이들과 활동사진들을 진열했다.

교회 관리 집사님이 가구 만들기와 설치에 재능이 있으셨다. 꼼꼼하고 정확한 성격이 나와 잘 맞았다. "조금만 더 내려 주세요. 조금만 오른쪽으로 해 주세요."라는 세심한 요청에 기쁘게 응해 주셨다. 그림 액자 세

개를 레일에 걸고, 그 옆에는 3단 화이트 선반 위에 이달의 책을 비치했다. 출입문 앞에는 귀여운 조명을 달고, 천장에는 비행기 모양의 조명들을 달았다. 천장을 열고 조명등들을 설치하느라 먼지를 뒤집어쓰신 집사님이 말씀했다.

"와, 완전히 변신했네요!"

변신한 모습을 첫 번째로 본 우리의 얼굴에 미소가 피어올랐다.

두근두근. 드디어 아이들을 만나는 날이다. 평소처럼 왁자지껄 힘차게 들어오던 아이들의 눈이 휘둥그레졌다. 아이들은 이리저리 뛰어다니며 소파와 의자에 앉아 보고 그림을 구경했다. 교회 모양으로 배치한 자석 보드에 붙여진 사진들을 보고 까르르 웃었다. 확 달라진 공간에서 가족들과 함께 사진을 찍었다. 소문을 듣고 구경 온 타 부서 선생님들이 연신 감탄했다.

"와, 어떻게 하셨어요? 이 그림 직접 그리신 거예요?"
"목사님, 인테리어 하셔도 되시겠는데요."
"우리 집도 이렇게 바꾸고 싶어요."

이대로 끝낼 순 없다. 환경 구성을 의미 있고 유익한 프로그램으로 만들어 6주간 '숨은 바이블 찾기 프로젝트'를 했다. 일부분을 확대한 사진을 단체 SNS에 올리면 가정에서 아이들과 함께 그 부분을 찾아 인증사진을 찍는 활동이다. 인증사진을 올리면 소품이나 그림에 숨은 의미를 보내 주었다. 바뀐 환경을 충분히 관찰하고 누리고 즐거워하며 자연스럽게 의미를 체험하고 알게 되기를 바라며.

"저희 아이가 유치부실이 너무 예뻐졌대요. 키즈 카페 같대요."

몇 주간 컴퓨터 검색으로 눈이 좀 빨개지고 뻑뻑하면 어떠하리. 며칠간 설치하느라 어깨가 좀 뻐근하면 어떤가. 한순간에 모든 피로가 싹 날아가 버리는 것을. 그 후 타 부서도 각자의 스타일대로 환경 꾸미기를 시작했고, 모든 복도가 깔끔하고 개성 있게 탈바꿈되었다. 아이와 가족들의 발걸음이 기쁘고, 말씀을 즐겁게 보고 듣고 만지고 느낄 수 있다면, 나는 얼마든지 개그맨 · 인테리어업자 그리고 동물로도 변신할 수 있다. 아마도 그들의 달콤한 웃음에 홀린 게 분명하지 싶다.

6
참 피곤한 스타일

사람의 성격을 설명하는 성격 유형 지표들이 있다. 그중 에니어그램은 9가지, MBTI는 16가지 성격유형을 보여 준다. DISC 성격유형은 4가지 주요 요소로 성격을 분류하는데 Dominance(지배), Influence(영향력), Steadiness(안정), Conscientiousness(신중)의 네 가지를 각각 주도형, 사교형, 안정형, 신중형이라고 부른다.

나는 그중 높은 퀄리티를 원하는 유형이다. 프로그램을 기획할 때 준비부터 과정과 결과까지 퀄리티가 높기를 바란다. 기존의 것을 결합하고 변형시키거나 창의적으로 만들어 내는 것을 좋아한다. 그래서 어떤 이들은 쉽게 하는 것도 내게는 매번 머리를 쥐어짜는 일들로 느껴졌는지도 모른다. 대상자와 환경에 맞는 새로운 방법들을 생각하고 프로그램을 짜는 건 에너지가 드는 일이지만 즐거웠다. 정보를 검색하고 생각하고 구성하다가 번뜩이는 아이디어나 활동이 생각나면 추가했다. 그런 날 보며 남편은 이렇게 이야기하곤 했다.

"참 자신을 스스로 피곤하게 만드는 스타일이야."

한 프로그램을 계획할 때 전체적인 주제와 큰 그림을 구상한 후, 세부적인 사항까지 꼼꼼히 적는 방식으로 진행했다. 성탄절 발표회 전체 기획과 연출 및 감독을 맡게 되었다. 대부분의 성탄절 발표회는 두세 명의 사회자가 각 부서를 소개하고, 각 부서는 맡은 부분을 한 후 들어가는 방식이었다. 가족과 어른들은 아이들의 발표를 축하하고 마지막에 다함께 성탄 선물을 나누었다. 매년 비슷한 풍경이었다.

가장 먼저 행사의 의미와 본질을 생각했다. 나에게 그것은 매우 중요하다. '의미'는 무엇을 해야 하는 강력한 이유와 동기가 되고, '본질'은 집중해야 할 것을 알려 주는 나침반과 방향이 된다. 의미가 없다고 여겨지면 할 필요를 못 느끼고, 본질과 맞지 않으면 동기부여가 되지 않았다. 성탄절의 주인공은 '예수님'이다. 성탄절의 의미와 본질은 예수님의 사랑과 섬김과 희생에 감사드리고 그것을 이웃과 나누는 것이다. 아이들이 발표회의 주인공이 되어 모든 스포트라이트를 받고 있었다. 변화가 필요했다.

성탄절 발표회의 주제를 '선물'로 정했다. 우리에게 오신 가장 큰 선물인 예수님을 기억하고 감사드리기, 그리고 예수님을 이웃에게 선물로 전하기. 이 두 가지를 목표로 삼았다. 예수님을 기억하고 감사드리는 것은 부서별로 발표할 내용을 기도하면서 잘 준비하여 최선의 정성으로 드리기, 출입문 복도 트리에 예수님께 드리는 감사 문구를 적어 다는 방법으로 표현하기로 했다. 이웃에게 줄 선물은 1인당 5천 원 이내의 선물을 사서 포장해 오고 겉면에 선물의 종류를 적게 했다. 이 선물들은 추후 분류하여 지역의 필요한 센터로 전달했다.

사회는 연극으로 전환했다. 예수님이 이 땅에 선물로 오시게 된 과정을 한 가정의 구성원들이 성경 구절을 통해 알아가는 내용으로 구성했다. 소개가 아닌 연극이라는 진행의 형식이 잘 집중될지를 우려하는 이도 있었다. 하지만 더 철저한 준비로 설득했다. 연극 출연자들이 발표회의 처음과 마지막 장면에 무대로 나와서 전체 발표회를 열고 마치는 것을 큰 틀로 잡았다. 발표 부서가 바뀌는 시간은 연극 출연자가 목소리로 이야기를 이어갔다.

A4 열 장이 넘는 문서로 각 부서장이 모인 교육위원회 모임에서 브리핑했다. 발표회의 목적, 준비 내용과 역할 분담 등 발표회 전부터 후까지의 모든 내용을 공유했다. 준비 과정에서 특정 부서에만 일이 몰려 지치지 않도록 균등하게 준비 사항을 배분했다. 원하는 부분을 맡도록 인원을 배치하고 각 분야 담당자를 정했다. 극을 이끌어갈 연극 출연자를 정하고 극본을 써서 건넸다. 몇 번의 리허설 일정까지 포함했다.

2시간 남짓 되는 발표회의 큐시트는 초 단위까지 적었고 발표 부서와 시간, 부서별 입장 시 조명의 종류, 마이크 개수와 종류, 입·퇴장 방향과 반주곡의 종류, 부서별 영상과 MR·AR 등을 세세하게 적었다. 그렇지 않으면 어딘가에서 실수가 발생해 전체적인 흐름이 깨지거나 집중이 흐트러질 수 있다. 전체 리허설도 시간을 지켜 진행했다. 사전 계획과 달리 한 부서에 더 시간을 준다면 다른 부서가 연습이 부족하거나 전체 리허설 시간이 지연된다.

과정까지도 아름답기를 바랐다. 실수 없는 완벽한 진행을 위해 윽박지르거나 건조하게 이끌어가서 일이 주인이 되고 사람이 도구가 되는 경우들이 있다. 기독교적 가치와 맞지 않다. 일에 집중하다가 사람의 마음이 다치거나 힘들어지는 것, 사람을 챙기다가 일을 제대로 하지 못하는 것 둘 다 지양하며 과정도 즐겁고 따뜻하도록 주의를 기울인다.

연극 출연자에게 동작이나 표정 등을 더 자연스럽고 풍부하게 하도록 요청했다. 전체 큐시트를 마이크, 음향, 영상, 조명, 각 부서 리더와 담당자에게 넉넉히 나누어주고 가끔 신호를 줬다. 모든 준비를 마쳤지만, 현장에서는 다양한 일들이 생길 수 있다. 감사하게도 매끄럽게 잘 끝났고 집중도도 높았다.

"지금까지 본 발표회 중에 제일 좋았어요! 진짜 최고!"
"전체 지휘하시는데 정말 멋졌어요. 새로운 모습을 봤네요!"

연극으로의 전환을 우려하셨던 분도, 평소에 조용하고 차분하기에 이런 모습이 있는지 몰랐다는 분도, 웃음기 없으셨던 분도 모두 좋았다고 엄지척을 해 주셨다.

높은 퀄리티에는 많은 시간과 노력이 들어간다. 그러나 그만큼의 큰 뿌듯함과 보람이 있는 건 분명하다. EBS 다큐 〈극한 직업, 발레 무용수〉를 본 적이 있다. 발레단의 무용수들은 최강의 아름다운 몸짓을 보여 주기 위해 체중을 조절하고 매일 땀을 흘리며 연습한다. 토슈즈를 신고 오랫동안 뛰고 회전하니 발가락과 발목 통증과 진통제를 달고 산다. 추운 겨울에도 퉁퉁 붓고 아픈 발을 진정시키기 위해 얼음 가득한 통 속에 발을 담그며 고통을 참는다.

발레리노는 발레리나를 들고 내리고 뛰며 땀이 비 오듯 쏟아진다. 무대 위 몇 시간을 위해서 몇 달을 준비하고 무대에서는 아픔과 고통을 참고 활짝 미소 지으며 공연한다. 무대를 마친 후 그들은 말했다. "자기 자신과의 싸움이 제일 힘들잖아요. 근데 그런 걸 이겨내고 멋진 공연을 관객들에게 보여 줬을 때 뿌듯해요.", "힘들다 힘들다 해도 좋으니까 계속하고 있겠죠.". "환희의 순간은 짧지만, 그 짧은 감동 때문에 춤을 추는 사람들"이라는 자막이 나오면서 영상이 끝난다.

높은 퀄리티를 이루기 위해 지난한 과정들에 땀과 시간과 노력을 들일 것인지, 그런 과정이 번거롭고 힘들어 포기할 건지. 자신을 스스로 피곤하게 만드는 과정을 감수할 것인가. 어떤 분야이든 높은 퀄리티를 위해서는 대가가 필요하고 결국은 그것을 기꺼이 감당하겠는가의 선택이다. 각자의 성격과 분야는 다르지만, 의미와 본질을 찾으면 자연스레 그 과정을 선택하지 않을까 싶다.

7
확실한 보상이 있나요?

 1993년에 시작해서 2012년까지 방영했던 KBS2 〈체험 삶의 현장〉이라는 프로그램이 있다. 각계각층의 명사와 연예인들이 치열한 노동 현장에 참여해서 새로운 분야에서 초보가 되어 쩔쩔매는 모습이 웃음 포인트였다. 화력 발전소, 고등어 가공 공장, 젓갈 공장, 탄광, 원양 어선, 빌딩 유리창 청소, 철도 선로 보수, 도라지 캐기, 김 채취, 고물 장사, 세탁소, 동물원 사육사, 굴뚝 청소 등 다양한 현장에서 일했다.
 출연자는 현장 전문가에게 혼나고 질책받으면서 식사 시간 외에는 쉴 새 없이 일했다. 일을 마치면 고용주가 언제 그랬냐는 듯 자상한 어투로 일당을 지급했다. 출연자는 온몸이 땀범벅이 된 상태로 벅찬 표정을 지으며 이렇게 힘든 일인지 미처 몰랐다는 공통적인 소감을 말했다. 면박을 받으며 힘들게 벌어온 급여는 하트 모양 모금함에 넣어 기부했다. TV 화면에 급여 금액이 나왔다. 눈에 선명히 보이는 결과는 하루의 고단함을 씻어 주기에 충분했다.

 어느 날 한 영상을 보았다. 고용자가 구인 광고를 낸 후 실제로 화상 면접을 시행한 내용이었다. 고용자가 직업에 관해 설명했다.

"직업명은 '운영 총책임자'. 가장 필요한 건 책임감과 강한 체력. 휴가 없음. 많은 분야에 능통해야 함. 절망적인 상황에서 기꺼이 당신의 생명을 내놓아야 함."

구직자들은 당황했다. 너무 많은 걸 요구한다, 비인간적이다, 잔인하게 들린다며 어이없어하고 불만 섞인 말을 했다.

"구성원들이 행복해하는 걸 보고 당신이 그들에게 도움이 된다고 느낄 때 당신도 무척 행복할 겁니다. 임금은 0원입니다. 바로 '어머니'요."

영상 제목은 "세상에서 가장 험한 직업"이었다.

세 자녀의 엄마가 되어 보니 저절로 동의가 됐다. 다른 직업의 어려움을 가벼이 여기는 게 아니다. 이런 결과를 낸 데에는 그럴만한 이유가 있다. 보통의 직업은 한두 가지 역할을 하면 된다. 직업에 따른 부차적인 일들이 있지만 가장 중요하게 집중해야 할 업무는 몇 가지 이내이다. 또 마감 시간이 정해져 있다는 건 과정을 인내할 수 있는 힘을 준다. 일을 마친 후 가지는 쉼에 대한 소망이 생긴다. 그런데 마감이 언제인지 알 수 없다면? 밤낮없이 내가 필요한 시간이 계속된다면? 다양한 여러 영역에서 동시에 높은 전문성을 가지고 있어야 하고, 24시간 내내 긴장해야 하는 일이라면?

"머리카락을 좀 자르지 그래? 왜 그렇게 묶었대!"
"옷을 왜 이렇게 입혔어? 아유, 아기 춥겠다!"
"아기 덥겠다. 점퍼가 너무 두껍네. 좀 벗어야겠다! 땀 난 거 좀 봐."
"아이가 살이 없네. 잘 먹여야겠다!"

똑같은 날, 똑같은 날씨에도 각기 다른 사람들의 반응들. 외출이라도 하면 사방에서 쏟아지는 말들. 연장자라는 이유로 가볍게 내뱉는 참견과 가르침들. '본인의 말씀대로 자녀를 키우셨을까?'라는 질문들은 속으로 삼켰다.

타인이 원치 않은 조언이나 참견을 하지 않는 나는 그런 말들이 쉽게 흘려보내지지 않았다. 말의 무게와 영향력을 중요하게 생각해서 가볍고 쉽게 말하지 않는 편이다. 해야 할 경우에도 신중하게 여러 가지를 고려하며 말한다. 그래서인지 깃털처럼 가벼운 말과 참견들이 폭력처럼 느껴졌다. 여러 감시자에게 둘러싸여 있다가 집에 돌아오면 그렇지 않아도 지친 몸과 마음이 더 너덜너덜해졌다.

몸은 하나인데 여러 가지 역할을 동시다발적으로 해야 했고 그것도 잘 해내야 했다. 아이의 헤어디자이너, 의상 디자이너, 요리사, 영양사, 심리치료사, 상담가, 학습코칭, 운동 트레이너, 피부과 의사, 내과 의사, 이 비인후과 의사, 소아과 의사, 정리 정돈 전문가, 놀이 전문가, 음악 선생님, 만들기 전문가, 가족관계 전문가, 소통 전문가, 내조 전문가, 24시간 대기조, 청소부 등등.

아이가 아프거나 넘어져 상처라도 나면 엄마가 잘 보지 않고 뭐 했냐는 소리 없는 비난과 비판의 눈초리가 느껴졌다. 엄마들은 엄마가 된 순간부터 엄마라는 이유 하나만으로 '죄인'의 자리에 앉게 된 듯했다. 아이가 잘못되면 모두 다 엄마 탓인지? 물론 엄마 탓일 때도 있다. 엄마도 서툴고 부족한 부분이 있고 또 아이를 방치하는 엄마도 실제로 있으니까 말이다.

그러나 대부분의 정상적인 엄마는 자녀에게 더 해 주지 못해서 괴로워한다. 밤에 자는 자녀의 얼굴을 바라보며 낮에 한 번 화를 냈던 게 그렇게 미안해서 눈물을 흘린다. 더 친절하게 대하겠노라 매일 밤 다짐한다. 자녀가 행복하기를 누구보다 바라며 자녀를 위해 최대치를 넘어 노력하는 존재가 엄마이다. 그 노력에 대한 정당한 대가와 대우를 받고 있는지는 매우 아리송하지만.

〈체험 삶의 현장〉에 나온 직업이 힘든 건 분명하다. 그러나 마감 시간이 정해져 있고 거의 일정한 일을 한다. 노력과 땀에 관한 결과가 현금으로 분명하게 보인다. 그런데 '엄마'라는 직업은 다르다. 가족과 자녀의 행복을 위해 자신의 시간과 청춘과 젊음과 미래와 계획과 꿈과 삶을 다 내려놓았다. 가족의 행복한 웃음 하나에 세상을 다 얻은 듯하여 기꺼이 그렇게 살았다. 그런데 날마다 최대 에너지 수치를 넘기며 쏟아부어도 결과가 즉시 그리고 선명하게 보이지 않는다. 교육은 백년대계이지 않던가. 선명하게 보이는 수입이 없다고 때로 무시당하고 스스로 위축되기도 한다. 엄마들의 우울증은 여기에서 오는 게 아닐까. 노력하고 고생한 만큼의 확실한 결과물이 없고 그만큼의 보답과 인정을 받지 못해서 말이다.

'신이 모든 곳에 있을 수 없어서 엄마를 주셨다.'라는 속담이 있다. 다시 말하면 엄마라는 존재는 거의 신만큼 전지전능할 필요가 있다는 말일까? 워킹맘이면 자녀 양육과 집안일에 회사 일과 자녀를 돌봐주시는 부모님에 대한 부담까지 더해진다. 결과를 확신할 수 없는 일에 최선을 다할 수 있는가? 일관성 없고 변동이 심한 하루의 시간표를 즐길 수 있는 사람이 얼마나 될까?

원하는 결과를 얻을 수 있을지 확신할 수 없는 불안정함 속에서도 최선을 다하는 엄마라는 자리. 엄마는 세상에서 가장 극한 직업이리라. 엄마라는 직업이 인정받고 합당한 보상을 받게 되는 날이 올지. 아니, 보상이 없어도 가족의 행복 하나를 보고 애쓰는 엄마들에게 가벼운 손가락질과 비판은 하지 말아 주기를. 자녀를 양육하는 엄마들에게 따뜻한 미소를 보여주고 부드러운 격려 한 마디를 건네주는 사회가 되었으면. 자녀 양육이 괴로움보다는 기쁨과 보람이 되는 세상을 보고 싶다.

8
나올 수 없는 늪 위에서

세실 B. 데밀 감독의 〈십계〉라는 영화를 봤다. 열두 살 때였다. 할머니께서 영화를 보러 가자고 하셨다. 삼 남매 중 나만 따라나섰다. 나만 가게 된 이유가 순한 성격 덕이었는지 성경에 대한 진지함과 애어른 같은 성숙함 때문이었는지 정확히 모르겠다. 어쨌든 할머니와 단둘이 영화관으로 향했다. 극장에서 영화를 본 건 그때가 처음이었다. 무척 설레어 가슴이 쿵쾅거렸던 기억이 난다. 도착할 즈음 할머니께서 길을 헷갈리셔서 10분 정도 늦은 것은 아무 상관없었다. 3시간이 넘는 시간이 길게 느껴지지 않을 정도로 몰입했다.

〈십계〉는 성경 출애굽기에 등장하는 모세를 중심으로 펼쳐지는 이야기이다. 히브리인 아기였던 모세는 이집트 왕의 명령으로 태어나자마자 죽을 뻔했지만, 어머니의 용기와 공주의 관대함으로 생명이 연장되었다. 이집트 왕자로 살아가던 모세는 한 사건으로 한순간에 도망자 신세로 전락한다. 그러던 어느 날 신의 부르심으로 이스라엘의 지도자로 세워진다. 이스라엘 백성들을 이끌고 출애굽 하여 신이 약속하신 땅을 향해 가는 과정은 순탄치 않았다. 많은 수만큼이나 다양한 백성들의 마음을 하나로 모으고 한 방향과 목적으로 이끌어가는 것은 쉽지 않았다. 적은 수의 가족 간에도 각각 생각과 관점이 다르고 그래서 가장 가까운 부부도 다투곤 하는 것처럼.

이스라엘 백성들은 자주 불평하고 원망했다. 툭하면 고기가 먹고 싶다, 목이 마르다, 이집트가 더 낫고 이집트로 돌아가고 싶다, 너만 지도자냐를 시전했다. 모세에게 불평하고 원망하고 달려들었다. 그때마다 모세는 신께 기도하거나 회중 앞에 엎드리고 가만히 있을 뿐이었다. 그는 똑같이 불평하거나 백성들과 다투지 않았다. 성경은 이런 모세를 가리켜 '온유함이 지면의 모든 사람보다 더하다.'라고 묘사한다. 모세의 인내심은 정말 대단하고 존경스러운 경지이다. 아이와 모세에 대해 나누며 그가 얼마나 대단하고 위대한 멋진 지도자이자 리더인지에 대해 침을 튀기며 말했다.

"모세는 백성들이 아무리 불평하고 원망해도 같이 싸우지 않았어. 그때마다 신을 의지하고 엎드려 기도한 지도자였어. 정말 대단하지?"

이건 질문이 아니라 동의를 구하는 말이었다. 잠자코 내 말을 듣던 아이가 한숨을 내뱉으며 짧은 한마디를 했다.

"하아. 엄마, 모세는 너무 답답한 것 같아요!"

훅 들어온 갑작스러운 펀치처럼 예상치 않은 대답에 어안이 벙벙해졌다. 나는 한 번도 모세가 답답하다고 생각해 본 적이 없었다. 존경스러울 뿐이었다. 그래, 자신의 의견과 기분을 잘 표현하는 요즘 아이들에게 모세의 모습은 낯설고 답답하게 느껴질 수 있겠다.

"음… 네가 리더가 되면 다른 생각이 들 수도 있어. 모세를 이해하게 될지도 모르지."

그러자 아이는 단호한 표정과 어조로 대답했다.

"저는 리더 안 할 건데요. 그 귀찮은 걸 왜 해요!"

성격과 가치관과 취향이 각각 다른 많은 구성원을 한 방향과 목적으로 이끌어 가는 일은 아이의 말처럼 귀찮은 일이다. 전체적인 비전 제시는 물론이고 개인 맞춤 대화 또한 필수이다. 어떤 이는 평균보다 더 예민하고 민감하며 다른 이는 무덤덤하고 단순하다. 강한 카리스마로 '잔말 말고 나를 따르라!'라고 하면 진행 속도도 빠르고 여러모로 편할 것이다. 그러나 그런 독재가 구성원의 행복과 성장에 도움이 될 리가 없다. 어떤 이는 리더가 더 강하기를 바라고 또 다른 이는 지금처럼 부드럽고 민주적이기를 원한다. 구성원은 서로를 향해 너무 자유롭다, 강하다, 차갑다, 늘어진다며 원망하고 불평한다. 그들을 중간에서 잘 조율하여 조화를 이루어 가는 것도 리더가 해야 할 중요한 역할 중 하나이다.

구성원은 리더를 향해 자기 생각과 감정을 거침없이 표현한다. 이래서 힘들고 이게 싫고 저렇게 했으면 좋겠고 등등. 나는 모세처럼 그저 잠자코 듣고 있는다. 코끼리의 다리를 더듬고 있는 구성원에게 전체 코끼리를 설명하는 것이 때론 과한 대답처럼 느껴질 때가 있기 때문이다. 모두 얘기하면 속이야 편하겠지만 상대를 배려해서 말 못 할 이야기도 있다. 성격, 업무 스타일, 열정과 성숙도가 제각각인 구성원을 효과적으로 동기부여하고, 개인의 다양성을 존중하면서도 전체 협력을 끌어내는 것은 쉽지 않다. 또한 그들과 친밀하면서도 권위를 잃지 않아야 한다. 그 선을 잘 지키는 것이 중요하다. 나는 무형의 그 선을 외줄타기하듯 조마조마하게 걸어갔다.

타인에게 관대하고 자신에겐 엄격한 성격도 마음에 짐을 더했다. 타인의 실수는 가볍게 언급하고 넘어갔지만 나 자신은 실수하지 않기 위해 여러 번 점검했다. 여러 부분에서 본이 되어야 했다. 끊임없이 나를 계발하고 성숙을 위해 채찍질했다. 구성원들은 힘들고 피곤한 감정들을 솔직하고 편안하게 표현했지만 나는 그럴 수 없었다. 쓰러지기 직전이었지만 리더가 지쳐 있으면 전체에 좋지 않은 영향을 미칠 거로 생각했다. "나의 죽음을 아무에게도 알리지 말라."던 이순신 장군처럼 비장한 마음으로 내색하지 않았다. 오히려 그런 상황에서도 구성원을 위로하고 격려해야 했다. 내 안에는 미처 나오지 못한 말들이 쌓여가고 있었다. 나의 생각과 의견과 감정은 대의와 전체를 위해 미루었다. '할말하않(할 말은 많지만 하지 않겠다)'의 시간이 길었고 계속되고 있었다.

모세는 이스라엘의 지도자가 되고 싶지 않았다. 신이 모세를 선택했을 때 본인은 말을 잘 못 해서 자격이 안 된다며 몇 번이나 거절했다. 그런 모세를 신이 선택하고 사명을 주어 백성들에게 보냈다. 어느 날 모세가 참고 참다가 신께 하소연했다. "어찌하여 주께서 종을 괴롭게 하시나이까… 이 모든 백성을 내게 맡기사 내가 그 짐을 지게 하시나이까. (「민수기」 중에서)"

모세의 고백이 내 속에서도 터져 나왔다. 나 혼자라면 어디서든 욕먹지 않고 살아갈 거다. 법 없이도 살 사람에 나도 포함될 것이다. 그런데 왜 내가 이들을 책임지고 그들의 신앙 성숙을 위해 참고 또 참아야 하는지. 어느 때까지 인내해야 하는가? 끝이 있기는 할까? 나는 도돌이표 질문 속에 갇혀 한없이 제자리를 맴돌았다. 학창 시절에 다시는 하지 않겠다고 다짐했던 리더의 자리에 다시 앉아 있었다. 그리고 그 자리의 늪에 빠져 괴로워하고 허우적대고 있었다. 벗어날 방법과 답을 찾지 못한 채.

118

당신의 마음에 빛이 비치기를

부록 2 '나' 탐색 시트 – 나에게 돌아가는 길

✶ "내가 정말 좋아했던 것들" 기억 찾기

1. 어릴 적 내가 가장 몰입해서 했던 놀이나 활동은 무엇이었나요?
   (예: 그림 그리기, 소꿉놀이, 축구…)

2. 내가 좋아했던 장소는 어디였나요? 왜 그곳이 좋았나요?
   (예: 학교 도서관, 집 마당, 동네 가게…)

3. 기분이 좋아질 때 자연스럽게 듣던 음악은 무엇이었나요?

4. 가장 행복했다고 느꼈던 순간은 언제인가요?
   (예: 결혼식, 입학, 여행…)

✶ "내가 잃어버린 모습" 돌아보기

5. 요즘의 나는 예전의 나와 비교해 어떤 모습이 사라졌다고 느끼나요?
   (예: 웃음, 여유, 호기심…)

6. 내가 나답지 않다고 느껴지는 순간은 언제인가요?
   (예: 억지로 미소 지을 때, 욱할 때…)

7. 무엇이 내 본 모습을 숨기게 했나요?
   (예: 타인의 기대, 완벽주의…)

✳ **"내가 살고 싶은 미래" 꿈꾸기**

8. 지금의 나에게 가장 필요한 한 마디를 써 본다면?
　(예: 괜찮아, 수고했어⋯)

9. 사람들이 나를 어떤 사람으로 기억했으면 좋겠나요?
　(예: 따뜻한 사람, 용기를 주는 사람⋯)

10. 앞으로의 나는 어떤 하루를 살고 싶은가요?
　　(예: 조급하지 않은 하루, 나를 위한 1시간이 있는 하루⋯)

3장

이게 번아웃이라고요?

낯선 어둠은 오랜 시간 홀로 버틴 자의
자연스러운 붕괴였고 당연한 결론이었다.

1
시한폭탄이 된 마음

아이들이 어렸을 때 자주 했던 놀이가 있다. 그중에서 아이들과 나의 만족도가 높은 놀이는 풍선 놀이였다. 풍선 놀이는 별다른 준비물이 필요하지 않다. 풍선과 바람을 넣을 힘과 즐거운 마음만 있으면 된다. 간단한 준비와 달리 활용할 수 있는 방법이 다양하다. 배구, 농구, 축구 같은 구기종목 놀이와 오랫동안 땅에 떨어지지 않게 하는 놀이 등 가성비가 좋다. 그래서 집 안에 풍선 여러 개가 며칠 동안 굴러다닌 적도 많다. 그러다 갑자기 펑 하는 소리에 깜짝 놀라기도 했다. 갑자기 터지는 풍선 소리는 폭탄 소리 같았다. 빵빵하게 부풀어 오른 풍선은 딱딱한 장난감이나 작은 마찰에도 펑펑 잘 터졌다. 그러니 풍선을 오래 가지고 놀기 위해서는 최대로 부는 것보다는 바람을 조금 빼는 것이 지혜였다.

나는 목사다. 그리고 모태신앙인(어머니의 태 안에서부터 신앙을 물려받아 믿게 된 사람)이다. 기억에 남는 유년 시절부터 세어도 40년이 넘는 신앙생활을 했다. 어린 시절부터 하나님이 정말 좋았다. 성경 속에 나오는 하나님의 사랑이 얼마나 크고 따뜻한지. 그런 하나님을 믿고 찬양하고 예배하는 교회를 사랑했다. 공부도 교회에 가서 할 정도였다. 열 살 때 처음으로 피아노 학원에 갔다. 1년 정도 배우고 그만두었다. 나는 아니었지만, 다른 아이들을 혼내는 원장님의 모습이 그림책에 나오는 괴물처럼 보였다.

찬양을 마음껏 부르고 싶었다. 혼자 교회에 가서 하루 3시간씩 독학으로 피아노 연습을 했다. 오른손, 왼손 따로따로 치다가 같이 쳤다. 방학에 잠깐 온 청년 언니가 한 시간 가르쳐 준 게 전부였다. 나는 어느덧 교회 반주까지 하게 되었다. 하나님을 사랑해서 성경 말씀대로 살고 싶었다. 그러려면 성경을 더 알아야 했다. 그래서 기독교 교육과 신학을 공부했고 목사가 되었다.

교회가 싫다는 사람들을 만났다. 교회와 기독교를 비판하는 소리도 들었다. 내가 잘해야 한다고 생각했다. 내가 잘못하면 교회가 욕을 먹고 나아가 하나님까지 비난받게 된다는 결론을 스스로 내렸다. 혹여나 내 잘못으로 그런 일이 생기는 건 상상조차 하고 싶지 않았다. 나는 크리스천이자 목사로서 잘못하지 않기 위해 최선을 다했다. 내가 맡은 부분뿐만 아니라 여러 부분에서 나를 검열했다. 타인의 잘못에 관대한 나는 작은 말과 행동까지도 조심하며 자신에게 엄격했다.

'아, 이렇게 말할 걸 그랬나.'

날마다 하루를 복기하고 반성했다. 내 기준은 높았다. 아예 처음부터 잘못하지 않기 위해 그렇지 않아도 신중한 성격이 더 강화되었다.

20대 중반에 일을 시작했다. 다니는 학교가 신학교였고 사역도 시작한 만큼, 친구들과 나는 대학생이면서도 대학생 같지 않은 삶을 살았다. 발랄한 캠퍼스 라이프를 즐기기엔 우리는 부서 책임자이자 리더였다. 신앙인이자 신학생으로서 일과 삶이 일치해야 했다. 동기 중에 서른 살이 넘은 언니가 있었다. 우리 학교로 편입했던 언니는 그런 우리를 보고 불쌍하다고 했다.

"대학생은 대학생다웠으면 좋겠어. 사역은 늦게 시작해도 좋을 것 같아."

그땐 그게 무슨 말인지 몰랐다. 신앙과 교회와 신에 대해 우리는 고민하고 성찰하며 공부하고 실천하려 애썼다.

신혼생활을 충분히 만끽하기도 전에 첫 아기가 생겼다. 남편과 함께하는 결혼생활에 미처 다 적응하지도 못했고, 요리 실력이 훌륭해지기도 전에 나는 엄마가 되었다. 나는 원래 말하는 걸 즐기지 않는다. 조용한 곳에서 혼자 책을 읽으며 사색하거나 일기 쓰는 걸 선호했지만 아이들의 언어 발달을 위해서는 엄마가 수다쟁이가 되어야 한다고 했다. 그게 아이들의 언어와 정서발달에 도움이 된다며. 자녀들에게 좋은 것은 성격과 본성을 거스르면서까지 했다. 그 시기는 내 인생에서 가장 많은 말을 한 때라고 확신한다.

타울이 많지 않은 어린 자녀 세 명을 양육하면서 몸이 여러 개였으면 좋겠다는 불가능한 것을 간절히 바라게 됐다. 힘들었지만 내 신념은 여전했다. 눈이 감기고 몸이 돌덩어리처럼 무거워도 엄마를 부르는 소리에 벌떡벌떡 일어났다. 아무리 피곤해도 놀이터나 공원에 가서 함께 뛰어놀고 산책했다. 사람들은 그런 나에게 가정을 사랑하고 아이들에게 지극정성이라고 했다. 그렇다. 나는 가정을 매우 소중하게 생각하고 사랑한다. 가정은 아이가 처음으로 마주하는 사회로 아이에게 가장 큰 영향을 미치고, 아이의 자신감과 자존감을 형성한다. 아이는 부모나 가족 구성원을 통해 사회적 규범과 도덕적 가치를 배운다. 천하보다 귀한 한 사람을 양육한다는 것은 참 중요하고 소중한 일이다.

그랬던 내가 아이들과 남편에게 짜증을 내기 시작했다. 소중한 아이들의 소리가 공사장 소음처럼 느껴져 귀를 틀어막고 싶어졌다. 일, 육아, 살림이라는 산더미 같은 해야 할 일들에 날마다 파묻혀 있었다. 넓고 넓은 바다와 저 멀리 수평선처럼 아무리 열심히 처리해도 끝이 보이지 않았다. 시간은 항상 부족했다. **빵빵하게 부풀어진 풍선처럼 나의 하루는 해야 할 많은 일들로 가득 차 있었다. 누가 건드리기만 하면 터질 것처럼 높은 긴장감으로 가득했다.** 바람을 조금 빼야 풍선이 말랑말랑해지는 것처럼 삶에서도 그럴 텐데 뺄 수 있는 항목이 없어 보였다. 뺄 수 있는 시간적 · 정서적 · 공간적인 여유 또한 전혀 없었다. 빼기는커녕 오히려 점점 더 부풀어지고 있을 뿐.

2
진심의 결과가 아무것도 아니라니

'역지사지'라는 고사성어가 있다. '처지를 바꾸어서 생각하여 봄'이라는 뜻이다. 황금률로 잘 알려진 '무엇이든지 남에게 대접을 받고자 하는 대로 너희도 남을 대접하라.(「마태복음」 중에서)'와 일맥상통하는 말이다. 인간관계에서는 상대의 입장에서 생각해 보고 존중하는 예의가 필수적이다.

나는 예의와 인성을 중요하게 생각한다. 일터에서 뵙는 어른들께 인사를 잘한다. 자녀들에게도 예의를 갖추어 인사를 잘하라고 교육한다. 인사는 예의의 기본이고 출발점이다. 고운 말로 대화하는 것은 상대를 존중하는 표현이다. 시간 약속을 지키고 공공장소에서 시끄럽게 하지 않는 것, 쓰레기를 쓰레기통에 넣는 행동도 함께 살아가는 타인에 대한 예의이다. 운전할 때 방향 깜빡이를 켜는 건 뒤차에 대한 당연한 배려이다.

성경에 어린 자녀를 예수님께 데려온 부모를 꾸짖는 제자들의 모습이 나온다. 예수님은 어린아이들을 부르시고 축복하시며 하나님의 나라가 이런 자의 것이라고 가르치신다. 여러 면에서 약한 이들을 예수님은 존중하고 귀하게 여기셨다. 작은 자에게 한 것이 곧 자신에게 한 것이라고 알려 주셨다. 부족하지만 그 말씀대로 살고 싶었다. 만나는 모든 이를 존중하려고 애썼다. 어른, 아이, 남자, 여자 상관없이 사람이라는 이유 하나로.

그런데 어딜 가나 무례한 사람이 있기 마련이다. 내가 만난 무례한 사람들은 크게 두 부류였고 서로 비슷한 면이 많았다. 한 부류는 자기중심적인 사람이다. 늘 자기 말이 옳고, 타인에게 본인의 말과 기준을 강요한다. 감정이 상하면 주변 사람이나 상황을 고려하지 않고 감정을 터뜨린다. 관심이 자신에게 쏠리지 않으면 불안해하고, 책임은 회피하며 남 탓을 한다. 험담으로 자기편을 만들고 자신에게 유리한 쪽으로 말을 퍼뜨린다. 자신을 과대 포장하며 죄책감이 약하다. 강약약강의 자세를 취하며 사람을 차별 대우한다. 관계 초기에 과도한 칭찬과 관심으로 상대를 사로잡으려 하지만 시간이 흐르면 진심은 드러나기 마련이다. 나르시시스트 성향의 사람들이 이런 모습을 보인다.

두 번째는 미성숙한 사람이다. 감정 조절에 미숙한 어린아이 같아서 해야 할 말과 하지 않아야 할 말을 구분하지 않고 함부로 말을 내뱉는다. 그 말에 찔려 아파하고 괴로워하는 상대의 마음은 중요하지 않다. 참을성이 없고 인내하지 못한다. 자기 성찰과 내면의 성숙이 부족하고 자존감이 낮아서 타인을 시기 질투한다. 타인에게 의존하고 감정 기복이 심하다.

이런 사람을 피하고 거리를 두면 좋겠지만 그럴 수 없는 상황이라면 어떡한단 말인가. '피할 수 없으면 즐기라.'고도 하지만 과연 즐길 수 있을까? 즐기기에는 유익이 전혀 없는 일이다. '근묵자흑(近墨者黑)'은 '먹을 가까이하는 사람은 검어진다.'라는 뜻이다. 나쁜 사람과 가까이 지내면 좋지 않은 버릇에 물들기 쉬움을 이르는 말이다. 다른 사람을 닮게 되는 자동적이며 무의식적인 정신 과정을 정신분석 용어로 '동일시(identification)'라고 한다. 타인의 영향을 전혀 받지 않고 오히려 바꿀 수 있으면 좋겠지만 상대가 나보다 더 큰 권위와 힘을 가지고 있다면 쉽지 않은 일이다. 이유를 막론하고 사람은 주변의 영향을 받는다.

이고은 박사는 유튜브 〈지식 인사이드〉에서 공감 능력은 재능이 아니라 '지능'이라고 말한다. 공감은 상대의 처지에서 생각하고 이해해야 하므로 높은 지적 능력이 필요하다는 말이다. 동의한다. 같은 맥락으로 나는 말을 예쁘게 하는 사람을 좋아한다. 직설적이고 솔직하며 논리적으로 말하는 걸 못 해서 안 하는 게 아니다. 말을 예쁘게 한다는 건 상대의 마음을 배려하고 존중한다는 의미다. 그래야 가능한 일이다. 말하는 자신뿐 아니라 상대의 마음과 환경까지 다각적으로 살피는 에너지와 배려가 필요하다. 공감 능력이 지능인 것처럼 배려와 예의 또한 지능이라고 생각하는 이유다. 타인과 환경을 신경 쓰며 말하는 사람은 아무것도 신경 쓰지 않는 사람보다 더 빨리 피곤해지는 게 당연하다. 그럼에도 그걸 감수하면서까지 예쁘게 말하는 사람을 만나면 그래서 더 반갑고 호감도가 상승한다.

누구나 부족한 부분과 장단점이 있다. 하지만 자아 성찰을 하는 사람은 자신의 장단점을 인식하여 꾸준히 발전하고 성숙해 가며 성장한다. 자기 모습을 제대로 보지 못하는 사람에게 긍정적인 변화가 있을 리 없다. 사람은 어느 정도의 페르소나가 있지만, 내면과 외면의 격차가 극명한 사람을 이중적이고 가식적이라고 한다. 그들까지도 진심으로 대하고 품고 사랑하려고 했다. 직업 특성상 모든 이를 수용하려고 했다. 그런 나에게 한계가 찾아왔다. 격차가 선명히 보여 견딜 수 없이 괴로웠다. 토할 것 같았다. 더 이상 견디기 어렵다고 판단했다. 무엇보다 자주 보면 익숙해져서 나도 모르게 닮게 될까 봐 두려웠다.

내 진심의 결과가 이거라니. 가슴이 아팠다. 땅을 치며 좌절했다. 실낱처럼 남아 있던 애정마저도 수증기처럼 공기 중에 흩어져 버렸다. 마음에 남은 건 타버린 까만 재밖에 없어 보였다. 불꽃도, 재료가 될 장작도 더 이상 보이지 않았다. 재료가 될 장작을 모을 힘도 전혀 남아 있지 않았다.

대충 했으면 아프지 않았을 것이다. 진심으로 사랑하지 않았다면 이렇게까지 괴롭지 않았을 테고. 하지만 원인을 알았다고 해서 아픈 마음이 순식간에 낫는 건 아니다. 완전히 타버려서 아무것도 남지 않은 아프고 괴로운 마음. **나는 한 번도 상상해 보지 않은 상황 앞에서 그 마음을 부여잡고 어찌할 바를 몰랐다.** 아픈 만큼 아파하는 것 외에 할 수 있는 게 없었다.

3
죽을 것 같아서 쉬는 거예요

"눈빛에 힘이 있어서요."

몇 년에 한 번씩 한의원에 갔다. 도저히 견디기 힘들다는 생각이 들 때 말이다. 병원에서는 조금 아플 때 와서 치료해야 회복이 빠르다면서 미련한 행동이라고 했다. 오래된 습관이 쉬이 바뀔 리가 없을 터. 이번에도 그랬다. 소문대로 친절하고 꼼꼼한 한의사는 섬세하고 자세한 질문을 했다. 질문에 걸맞게 어디가 아프고 얼마만큼 힘든지에 대해서 구체적으로 대답했는데 한의사 반응이 예상과 달랐다. 뭔가 미심쩍은 표정으로 날 바라보았다. 친절하시나 공감력은 별로 없으신가 보다. 그런데 질문을 모두 마치고 진맥하는 순간, 한의사는 화들짝 놀란 표정을 지었다.

"맥이 굉장히 약하시네요. 힘드셨겠어요. 환자분은 매우 힘들다고 계속 말씀하시는데, 눈빛에 힘이 있어서 그 정도는 아닐 거로 생각했거든요."

몇 년 전 갔던 한의원에서도 비슷한 말을 들었다. 체력이 완전히 바닥났는데 정신력으로 버티는 스타일이라며 잘 쉬어야 한다고 했었다. 그때 막내가 세 살, 현실적으로 실현 불가능한 환경이었다.

세 자녀를 각각 세 살까지 양육하다가 다시 일하기를 반복했다. 퇴근 후에는 짐을 내려놓자마자 바로 아이들을 돌보고 집안일을 했다. 주중에는 육아와 집안일을 하며 틈틈이 일을 준비하고 주말에는 교회에 가서 일했다. 일주일에 하루도 제대로 쉬지 못하는 날이 길어졌다. 맡은 일은 제대로 해야지, 대충 하는 건 용납이 안 된다.

아침이면 아이들을 깨워 씻기고 먹이고 입히고 학교와 기관에 보냈다. 준비물을 챙겨 아이들을 보내고 돌아오면 그때부터 또 다른 전쟁이 시작됐다. 폐허처럼 변해버린 집을 정리하고 청소했다. 아이들이 하원하면 온전히 아이들을 위해 모든 시간을 써야 한다. 그래서 일 준비는 아이들이 없는 시간에 끝내야 했다. 더 좋은 것을 주기 위한 준비들에는 꽤 시간이 필요해서 점심을 거르는 게 반복됐다. 양질의 프로그램과 설교로부터는 만족스러워했다.

나는 쥐어짜는 빨래처럼 남은 에너지까지 쥐어짜고 있었다. 이명이 들리고 잇몸에서 피가 나기 시작했다. 지금부터 약 8년 전의 일이다. 막내가 초등학교 고학년이 되기 전까지는 일을 하지 않으리라 다짐하고 퇴사했다. 3개월의 쉼 후, 다시 일을 하게 되었다. 몸이 힘든데 정신력이 아직 살아있던 그때는 여전히 일하는 게 즐거워서 요청에 수락했고 그렇게 워킹맘의 시간이 다시 시작됐다.

체계를 잡아가고 아이들을 만나는 건 보람찼다. 여름성경학교 강사가 되어 강의를 다니기도 했고 총회 다음 세대 전략 책에 교육 계획안이 실리기도 했다. 3개월간 쉬면서 했던 다짐은 온데간데없이 사라지고 나는 또 달리고 있었다. 재정을 마이너스 통장에서 미리 끌어다 쓰는 것처럼 미래의 에너지를 끌어다 쓰고 있는 셈이었다. 주말에는 세 아이를 이른 아침부터 깨워서 교회에 가며 그렇게 또 6년을 보냈다.

바닥난 기름에도 계속 굴러가는 터덜터덜한 자동차처럼, 거의 없는 에너지를 힘겹게 한 방울씩 쥐어짜며 달려갔다. 이러다간 모두에게 좋지 않을 것 같아서 퇴사 의사를 몇 번 밝혔지만, 조직의 사정도 있는 거였다. 결국 나는 이미 떨어진 연료에도 계속 움직이고 걸어야 했다. 정신력과 상관없이 몸은 점점 망가졌다. 하지만 이런 상황을 부서원들에게 말할 수는 없는 일이었다. 나는 한 걸음 한 걸음을 힘겹게 내디디며 홀로 자신과 싸웠다. 본질에서 벗어난 궤도로 가는 듯한 상황에 무력감과 괴로움이 커져갔다. 그나마 버틸 수 있었던 힘이 본질 덕이었는데 그마저 의미가 없어졌다. 그러자 간신히 붙들어 왔던 정신력까지 마른 잎처럼 바사삭 부서져 내렸다.

"당신의 에너지는 몇 점인가요?"

주변인들에게 질문을 던졌다. 1에서 10까지의 에너지 점수가 있다면? 질문에 대한 많은 답은 5였다. 나와 비슷한 일을 하는 사람들의 에너지는 5점, 보통 수준이었다. 나는 이미 마이너스가 되어서 아래를 한참 쳐다보아도 바닥이 보이지 않는데 뭔가 억울했다. 그들과 내가 다른 점이 뭔지. 나는 여자이고 엄마이기에 몇 개의 짐을 더 안고 살아가고 있는 건지 깊은 의문이 생겼다.

요즘 MBTI가 유행이다. 사람과 성격에 관심이 많은 나는 오래전부터 즐겨 보았다. 일할 때 적극적이고 활달해서 사람들은 나를 외향형이라고 생각하곤 했다. 나는 외향형에 가까운 내향형이므로 어쨌든 내향형이다. 외부 환경과 타인에게서 에너지를 얻는 외향형과 달리 내향인은 홀로 있는 시간을 통해서 에너지를 충전한다. 그런데 주중이고 주말이고 내게는 홀로 있는 시간이 턱없이 부족했다.

양가는 멀고 도움을 받을 수 없는 상황이었다. 남편은 가정적이고 따뜻한 사람이지만 바빴기 때문에 나 홀로 아이들을 돌보는 시간이 많고도 길었다. 아이가 아프기라도 하면 모든 화살이 엄마에게로 돌려지는 구조(?)가 여자에게 참 가혹하다는 생각도 들었다. 내 일만 하기에도 하루가 짧은데 집안일과 청소와 세 명의 아이를 한 명 한 명 세심하게 케어했다. 육체적으로 그리고 정신적으로 점점 지쳐갔지만 그렇다고 쓰러질 수도, 마음 편히 쉴 수도 없었기에 이를 악물고 버텼다.

한계였다. 인정하고 싶지 않지만 인정해야 했다. 끝나지 않은 일들에 숨이 턱턱 막혔다. 파묻혀 버릴 것처럼 압도되었다. 가슴이 답답해 터질 것 같았다. 아무도 없는 산에 올라가서 마구 소리를 지르고 싶었다. 힘들다고 속 시원하게 말할 수 없는 주변 상황도 매우 짜증 나기 시작했다. 웬만하면 힘들다는 말 안 하는데 미칠 것 같았다. 그렇게 몸과 마음과 영혼이 만신창이가 됐다. 완전히 부서지고 망가졌다. 살기 위해서 빨리 퇴사해야 하리라. 일단 그거라도 해야 한다.

당신의 마음에 빛이 비치기를

4
감정의 유효기간

　유통기한은 주로 식품 같은 상품이 시중에 유통될 수 있는 기한을 말한다. 우리가 흔히 먹는 우유, 고기, 식료품에는 유통기한이 적혀 있다. 유통기한이 지나면 아까워도 건강을 위해서 버려야 한다. 뇌과학자들은 사랑에도 유통기한이 있다고 말한다. 남녀 사이에 '도파민'이라는 콩깍지가 씐 사랑의 유통기한은 짧게는 3개월에서 길게는 3년까지라고 한다.

　나는 밀당을 좋아하지 않는다. 좋으면 좋고 싫으면 싫은 거지, 중요한 것 많은 세상에서 밀당해야 할 이유를 찾지 못했다. 남편과의 연애도 그랬다. 만난 지 얼마 되지 않아 확신이 들지 않을 때는 주저했지만 확신이 생긴 순간부터는 일사천리로 결혼까지 진행됐다. 무언가를 결정하기까지는 신중하지만, 결정한 후에는 실행이다. 그런 나에게 한 선생님은 말했다.

"선생님들과 밀당도 하셔야 해요."
"그래요? 작정하고 하면… 선생님들 힘들어지실 텐데요. 힘들게 해 드리고 싶지 않은데 원하신다면 한번 해 볼까요?"

내 농담에 웃음이 터졌다. 세 자녀를 키우며 총 세 번의 입사와 퇴사를 했다. 더 하고 싶었지만, 현실적으로 아이를 돌봐줄 사람이 없어서 환경에 의해 퇴사했었다. 뒤돌아보면 퇴사할 때마다 울었다는 사실에 피식 웃음이 난다. 함께 했던 선생님들 또한 아쉬움을 감추지 못하셨다. 어린 자녀를 보니 어쩔 수 없겠는데, 그래도 붙잡고 싶은 두 가지 마음이 공존한다며 아련한 눈빛으로 날 바라보셨다.

퇴사하는 날, 공적으로 인사할 때는 무사히 마쳤다. 그런데 개인적으로 인사하는 자리에선 그렇게 눈물이 났다. 일할 때 밝고 활기찬 내가 유일하게 우는 날은 퇴사하는 날이었다. 화장실에서 눈물을 닦으며 나오다가 벌게진 눈으로 거울을 보시던 임원 선생님과 마주쳤다. 우리는 비슷한 얼굴을 한 서로를 바라보며 멋쩍게 웃었다. 퇴사하면서 이렇게 서로 울고 아쉬워하는 목회자는 처음 본다며 동그래진 눈으로 말하던 상사도 있었다.

그동안 우리의 교류와 감정과 일들이 지나간 시간 속에 진하게 녹아 있었다. 특히 가장 가까이에서 함께 계획하고 의논하고 실행했던 임원 선생님들은 말로 하지 않아도 통하는 무언가가 있었다. 서로의 고충과 노고를 잘 알기에 눈빛만 마주쳐도 눈물이 터질세라 애써 웃었다. 그 웃음은 곧 아쉬움으로 일그러져 어색한 표정이 됐다. 지난 몇 년의 시간이 주마등처럼 스쳐 지나갔다. 그동안 쏟았던 사랑과 노력과 변화와 결실들이 그림책처럼 머릿속에 펼쳐졌다. 항상 위로하던 내가 위로받는 날이었다.

이번은 다르다. 이번 퇴사는 내가 선택했다. 더 했다가는 풍선처럼 빵빵해진 마음과 감정이 펑 터져 험한 말이 나올지도 모른다. 그렇게 타인에게 좋지 않은 영향을 주는 것은 스스로 허용할 수 없다. 환경과 타의에 의해서가 아니라 내가 놓는 거다. 그러니 이번은 눈물이 나지 않고 시원하기만 할 것이다. 절대 울지 않으리라. 여러 번 마음속으로 되뇌며 결연한 모습으로 마지막 출근을 했다. 광고 시간에 인사하며 슬픈 마음보다 후련한 마음이 들었다. 그래, 이번엔 눈물 없이 퇴사하는 거야! 예배 후 줄을 서서 인사하는 시간이다. 멀리에서부터 한 성도님이 "목사님." 하며 다가오셨다. 불안했다. 아니야, 이번엔 성공할 거야. 두 팔을 벌리고 다가오신 성도님이 나를 안으며 말씀하셨다.

"목사님, 그동안 정말 수고 많으셨어요."

길지 않은 딱 한 문장의 말씀이었다. 꼭 안아주시는 포옹이 몇 분간 지속되었다. 이런, 잠깐 안고 가셨다면 성공했을 텐데. 굳은 결심이 무색하게 너무나 쉽게 무너져 버렸다. 이번에도 실패였다.

일하는 동안, 부서원들에게 힘들다고 이야기한 적이 없었고 내색하지도 않았다. 리더는 그래야 한다고 생각했다. 부서원이 무너질 때 든든한 버팀목이 되어 주고, 흔들릴 때는 변함없이 큰 산처럼 버텨 주어야 한다고. 부서원의 힘든 개인의 삶에 나의 힘듦까지 얹고 싶지 않았다. 그분들이 행복하고 성장하기를 바랐다. 누군가는 수다와 험담으로 털어 버렸을 괴로움들을 나는 혼자 안고 있었다. 그들이 내가 공유하는 괴로움으로 낙심하거나 신앙이 퇴보한다면, 그 결과를 어떻게 감당할 것인가. 그러니 차라리 혼자 힘들고 괴롭고 마는 게 낫다. 성도님의 말씀 한마디가 마음을 울렸다. 세상에는 말하지 않아도 통하는 게 있다. 진심은 같은 것을 알아본다. 하루 종일 눈물이 흘러 눈이 충혈됐다. 양손 가득한 선물을 보며 한 분이 말했다.

"이렇게 선물을 많이 받은 목회자는 처음 봐요. 그만큼 목사님이 잘하셨다는 뜻이네요."

집에 돌아왔다. 이게 무슨 감정인지 모르겠다. 후련하긴 한데 한편으로 뭔가 이상했다. 가족들과 오늘의 이야기들을 한참 나누었다. 그러다 가족들이 모두 잠들고 나는 혼자 자정까지 잠을 이루지 못했다. 부서에서 받은 롤링 페이퍼를 다시 펼쳤다. 낮에는 정신이 없어서 제대로 보지 못했는데 선생님들의 빼곡한 편지가 한 줄 한 줄 눈에 들어왔다. 꾹꾹 눌러쓴 글들을 천천히 읽었다. 글 아래쪽에 선생님 한 분 한 분의 얼굴 사진이 있었다. 그대로 롤링 페이퍼를 안고 몇십 분을 울었다. 함께 나누었던 시간과 대화와 표정들이 떠올랐다. 뱃멀미하듯 마음이 울렁거렸다.

며칠이 지났다. 내가 없다고 세상에 큰일이 나진 않았다. 큰 변화가 생긴 건 나뿐인 것 같았다. 그동안 나는 왜 그렇게 열심히 살았고 무엇을 위해 최선을 다했을까 싶은 생각이 번쩍 들었다. 헤어짐의 슬픔과 아쉬움은 하루짜리의 유효기한이었던 걸까? 음식도 며칠 또는 몇 주간의 유통기한이 있는데. 내가 밀당을 하지 않고 올인한 결과일까. 나는 유통기한이 지난 음식을 먹은 것처럼 입안이 씁쓸하고 껄끄러웠다.

나를 격려하는 길
한 걸음 내디딘 나에게 보내는 토닥임

나에게 관대하기

작은 성취에도 박수 쳐 주기

오늘 하루 끝에 나를 칭찬하기

과거의 성공 기억을 떠올리기

힘이 되는 문장과 말을 메모하기

나의 리듬대로 살아도 괜찮다고 속삭이기

어제보다 성장해 가는 나를 인정하기

5
나, 숨 좀 쉬고 올게

"목 위로 하는 호흡 또는 복식 호흡이 아니라 갈비뼈 흉곽 호흡을 해야 해요. 갈비 옆과 뒤를 더 강조하는 3D 호흡이요."

몸이 많이 약해졌다. 운동을 해야겠다는 생각이 들었다. 체형 교정과 근력 강화에 좋다며 지인들이 필라테스를 추천했다. 집에서 할 수 있는 채널을 찾아보았다. 참 좋은 세상이다. 강의도 정보도 집에서 편안하게 들을 수 있는 시대라니. 어린 시절엔 미래 공상과학에나 나올 법하다고 상상하던 일들이 현실이 되어 있다. 첫 시간부터 어려웠다. 강사가 필라테스 호흡법이 따로 있다고 알려 주었는데 흉곽 호흡, 3D 호흡이라. 무슨 말인지 모르겠지만 일단 강사님 설명대로 열심히 따라 해 본다. 호흡이 이렇게 어려운 건지 미처 몰랐다. 몇십 분째 따라 하고 있지만 맞게 하고 있는지 도무지 모르겠다.

퇴사 후, 아이들 학교에 교외 체험 신청서를 냈다. 지난 시간이 스쳐 지나갔다. 엄마에게 불평하지 않고 잘 따라 준 아이들에게 고마운 마음밖에 없었다. 친구는 "너 일하라고 아이들이 그렇게 착했나 봐."라고 했다. 여러 감정과 생각을 들어주고 한결같이 응원해 주는 바다처럼 넓은 마음의 소유자인 남편에게도 감사했다.

지난 시간을 온전히 함께 한 가장 가깝고 소중한 이들. 즐겁고 슬프고 기쁘고 힘들고 바빴던 모든 순간을 함께 한 가족과 여행을 떠나기로 약속했다. 비행기를 오래 타고 싶지 않다는 아이들 말에 가까운 제주도로 결정했다. 멀리 갈 수 있는 몸 상태가 아니었던 나는 내심 다행이라며 안도했다. 아이들은 엄마가 퇴사했다는 게 실감이 나지 않은 듯 상기된 얼굴이었다. 동시에 나만큼이나 설렘 가득한 표정을 감추지 못했다. 아이들 학교 발표회가 끝나자마자 집을 나섰다. 캐리어에 가득 채운 옷과 짐 외에도 아이들은 각자 자기 가방 안에 좋아하는 인형들을 넣었다. 집을 나서는 순간부터 아이들은 쉬지 않고 좋알댔다. 얼굴에 웃음이 끊이지 않았다.

공항은 언제나 설레는 곳이다. 비행기 탑승 시간을 기다리는 시간도 전혀 지루하지 않다. 이번 여행은 1년에 한 번 있는 휴가와는 완전히 다른 느낌이었다. 그땐 정해진 짧은 기간에 많은 것을 보고 경험하려고 하루 일정표가 빽빽했다. 이번에는 여유 있게 힐링하는 것에 목적을 두었다. 천천히 맛있는 음식을 먹고 예쁜 걸 보기로 해서 일정표를 미리 짜지 않았다. 그래서인지 발걸음과 마음이 한결 가벼웠다. 비행기에서 보는 하늘과 땅이 반짝이는 별들처럼 빛났다.

드디어 제주에 도착했다. 제주답게 바람이 많이 불었다. 각자의 가방을 메고 캐리어를 끌고 앞장서 걸어가는 아이들의 뒷모습이 과거와 겹쳐 보였다. 아이들이 어렸을 때는 여행이 노동의 연장선 같았다. 장소만 새롭게 바뀐 육아의 현장이라고 할 수 있었다. 한 손으로는 캐리어를 끌고 다른 한 손으로는 아이 손을 잡고 줄곧 아이들의 이름을 부르며 쫓아갔었다. 메뉴와 여행 장소도 아이들이 좋아하는 취향으로 정해졌다. 주로 돈가스와 치킨을 많이 먹었고 놀이동산처럼 아이들이 마음껏 놀고 체험할 수 있는 곳으로 갔었다. 난 지금 치킨을 거의 먹지 않는다. 신혼 때는 게 눈 감추듯 먹었던 치킨이 어느 순간 느끼해졌다. 그동안 아이들과 함께 너무 많이 먹은 탓일까.

그랬던 아이들이 막내까지 모두 십대가 되었다. 아이들의 뒷모습이 익숙한 듯 낯설었다. 아이들에게 가장 행복한 때가 언제인지 질문한 적이 있다. 아이들은 모두 '가족과 함께하는 여행'을 1순위로 꼽았다. 친구들이 가족들과 놀러 다니는 주말에도 바빴던 엄마로서 미안한 마음이 올라왔다.

비수기의 제주도는 조용하고 한적했다. 가는 곳마다 사람이 거의 없어서 심심하다고 느껴질 정도였다. 숙소에서 여유롭게 늦잠을 자고 느지막이 일어났다. 귤을 사용해서 직접 차를 만들어 판매하는 카페에 갔다. 다양하고 아름답게 꾸민 넓은 정원 한쪽엔 긴 줄에 달린 그네와 흰색 천 지붕이 있는 포토존이 있었다. 귤로 만든 음료수와 빵을 샀다. 이렇게 오묘한 빛깔과 모양이라니 사람의 재능은 참 놀랍다. 바깥 풍경을 보며 먹고 담소를 나누었다. 카페는 귤 농장도 운영하고 있었다. 가위와 봉투를 받아 길 건너 농장으로 갔다. 길가에 있는 귤나무를 보기만 했지 직접 귤을 따는 건 처음이었다. 잘 익고 색깔이 진한 귤을 찾기 시작했다. 초록색 무성한 잎들 사이에 주렁주렁 열린 주황색 귤이 예쁜 보석처럼 눈에 띄었다. 싱그럽고 풍요로운 풍경이었다. 남편의 키만 한 귤나무 사이를 거닐다 보니 마음이 편안해졌다. 봉투는 금세 귤로 가득 찼다. 새콤달콤한 귤을 까먹으며 다음 목적지로 향했다.

제주도 여행 때 오름을 제대로 오른 적이 없었다. 남편과 함께 오름을 오르고 올레길을 걷는 게 버킷리스트 중 하나였지만, 어린 자녀들의 취향에 맞추어 우선순위에서 밀려나곤 했다. 역시나 아이들은 오름 근처에 있는 다른 장소에 더 관심을 보였다. 이번엔 힐링이 목적이고 엄마가 원하는 곳도 가 보자고 아이들을 설득했다. 업무차 제주도를 방문했었던 남편에게 오름을 소개해 달라고 했다. 전에 온 적이 있었다며 한 장소를 추천했다. 도착 후 차에서 내리자마자 눈이 휘둥그레졌다. 여기가 정말 우리나라라고? 역시 제주도는 신비한 섬이 맞다. 산은 크기와 모양이 다양한 나무들과 꽃, 식물들이 있고 흙길도 바윗길도 있다. 그런데 이 오름은 나무가 보이지 않았다. 부드러운 능선 아래 오로지 갈대들만 보였다. 이렇게 많은 갈대도 처음 보았는데 갈대들로만 이루어진 능선이라니 동화 속 나라 같아 절로 탄성이 나왔다.

시큰둥해하던 아이들은 막상 오르기 시작하자 산양처럼 잘 올라갔다.

멀리에서 본 것보다 경사가 가팔랐다. 어렸을 때 등산을 잘했던 첫째는 그동안 몸이 무거워져 벌써 헉헉대기 시작했다. 남편과 나는 첫째를 앞에서 끌고 뒤에서 밀었다. 오른쪽을 보아도, 왼쪽을 봐도, 위와 아래 모두 갈대였다. 황금물결 같은 갈대 위로 하늘은 파란색으로 청명했고 흰색 구름이 조금씩 깔려 있어 운치 있었다. 시원한 바람과 강한 햇빛을 동시에 맞으며 올라가는데 진즉 정상에 도착한 두 아이가 빨리 오라며 손짓했다.

드디어 정상이다. 아래쪽을 바라보자, 사방에 펼쳐져 있는 완만하고 넓은 밭이 시야에 들어왔다. 한쪽에는 하얀색 풍력발전기 몇 개가 돌아가고 있었다. 갈대로 가득한 오름은 시원하게 부는 바람을 따라 사라락 움직였다. 자유롭지만 조화롭게 움직이는 갈대는 흡사 춤을 추는 것처럼 보였다. 나는 피부에 닿는 바람을 느끼며 흔들리는 갈대를 넋 놓고 한참 동안 바라보았다. 오름 전체가 큰 숨을 쉬고 있는 것 같았다. 그 숨에 맞추어 갈대들도 춤추며 숨 쉬는 듯했다. 나는 오름의 큰 숨을 따라 숨을 깊게 들이마시고 뱉는 것을 반복했다. 답답했던 속이 겨울의 시원한 공기로 가득 찼다. 외마디 말이 나도 모르게 흘러나왔다.

"아, 이제야 좀 살 것 같다!"

운동할 때 잘못하면 실신할 수 있으니 숨을 꾹 참지 말라는 기사를 봤다. 운동 시 제대로 호흡하지 못하면 뇌에 혈액 공급이 되지 않아 실신할 수 있다며 각 운동에 맞는 호흡법을 숙지하고 실천해야 한다고 했다. 필라테스 강사도 운동 중간중간에 "호흡 신경 쓰세요, 숨 쉬셔야 돼요, 호흡 잊지 않으셨죠."라며 호흡을 강조했다. 호흡을 제대로 하지 않으면 근육이 긴장하게 되어 부상 가능성이 높아진다고 한다. 또 호흡은 신체적인 효과뿐만 아니라 집중력과 스트레스 완화에도 도움을 준다.

퇴사하기 얼마 전, 순간적으로 숨이 쉬어지지 않은 적이 있었다. 어지러워서 의자에 털썩 주저앉았었다. 숨은 생존에 필수적인 요소이다. 처음 배우는 필라테스 호흡법이 어렵지만 중요한 것처럼 나는 숨 쉬는 법을 배워야 했는지도 모른다. 각 운동에 맞는 호흡법이 따로 있듯이 오직 나에게 딱 맞는 호흡법을 알았어야 했다. 어쩌면 나에겐 드넓은 갈대밭처럼 조용하고 고요한 장소가 필요했는지도. **긴장과 분주함 없이 바람 따라 편안하게 흔들리는 시간과 시원한 바람에 마음껏 숨을 쉬며 자유로이 춤출 수 있는 공간 말이다.** 오늘 봤던 이 아름다운 풍경은 오래도록 마음과 뇌리에 남아 있을 거다. 고마워, 오름. 그리고 갈대야. 1년 후면 지금보다 훨씬 더, 숨을 잘 쉬고 있으리라 믿고 싶다.

148
당신의 마음에 빛이 비치기를

6
아무것도 하지 않을 자유

우리 가족에게는 좋은 전통이 있다. 방학이 되면 아이들에게 책 선물을 하는 것이다. 다함께 서점에 가서 아이들이 스스로 원하는 책을 고른다. 우리 부부는 계산할 뿐이다. 평소에는 인터넷으로 책을 구매하지만, 방학 때는 서점으로 발걸음을 옮긴다. 아이들이 그곳에서 다양한 책을 보게 되기를 바라는 마음도 있다. 덤으로 책과 더 친해진다면 금상첨화이다.

방학은 아직 오지 않았지만, 퇴사 기념으로 앞당겨 서점에 갔다. 나는 힘들거나 지칠 때면 서점으로 향했다. 크고 높은 책장에 정갈하게 꽂혀 있는 수많은 책을 보면 마음이 편안해졌다. 다양한 책을 펼쳐보고 신간을 구경하다 보면 몇 시간이 훌쩍 지나갔다. 책을 보고 읽는 것만으로도 부자가 된 듯 충만한 기분이었다. 나에게 서점은 자연과 더불어 힐링 장소이다.

아이들이 신이 나서 활기찬 발걸음으로 책장 사이를 누볐다. 초롱초롱 빛나는 눈으로 책들을 빠른 속도로 훑어봤다. 서점으로 출발하는 순간부터 어떤 책을 살 건지 서로 이야기하던 아이들은 금세 원하는 책을 골랐다. 서점에서 1~2시간은 기본이고 3~4시간은 있던 나와는 달랐다. 아이들의 서점 투어는 길어도 30분이면 끝나버리곤 했다. 다른 책과 신간들을 구경해 보라고 해도 아이들은 단호했다. 원래 이렇게 결단력이 강했던가. 서점에만 오면 더 빨라지고 확고해지는 것 같은 느낌은 뭘까. 아이들은 이내 나가자며 졸라댔다. 내 로망은 이렇게 짧게 끝나 버리기 일쑤였다. 많고 다양한 책들이 손짓, 발짓, 온몸으로 나를 부르고 있었다. 나는 아직 한 권도 제대로 보지 못했다.

'너희의 방학 선물이기도 하지만 이건 엄마의 퇴사 선물이기도 하다고. 이대로 끝낼 순 없어. 뭔가 시간을 더 끌어야 해.'

머리를 굴렸다. 가장 먼저 책을 고르고 온 첫째에게 말했다.

"엄마가 보면 좋은 책이 뭐가 있을까? 한번 골라 줄래?"

아주 좋은 생각이다. 시간을 좀 더 끌 수 있을 것이다. 안도하며 다시 책장으로 향하던 그때였다. 3m쯤 떨어져서 책을 고르던 첫째가 나를 불렀다.

"엄마, 여기요!"
'뭐? 벌써?'

왜 이렇게 빨리 고른 건지. 5분도 안 지났는데 빨리 나가고 싶어서 아무거나 고른 건가. 사라진 여유에 대한 아쉬움으로 첫째에게 가는 발걸음은 공부하기 싫어 투덜대는 아이들 같았다. 심드렁한 표정을 애써 감추며 첫째가 가리키는 책을 보았다. 그 순간 언제 그랬냐는 듯 웃음이 터져 나왔다. 대충 고른 줄 알았는데 아니었다. 이런 책이 있는지도 몰랐다. 다른 책들은 인터넷에서 보거나 들은 적이 있는 제목인데 이건 처음 보는 책이었다. 푸하하. 남편에게 보여 주었더니 같은 반응이었다. 첫째가 나를 위해 고른 책 제목은 『아무 일도 하지 말라』이다.

퇴사하기 한 달 전부터 남편에게 반복적으로 했던 말이 있었다.

"아무것도 하지 않을 거야!"
"퇴사하면 아무것도 하지 않을 거야. 무조건 쉴 거예요. 내가 일을 할 거라 기대하지 말아요. 난 정말 아무것도 안 할 거예요!"

내 삶의 궤적을 아는 남편은 그렇게 하라며 지지했다. 열정적이고 성취와 성장을 즐거워하는 나는 끊임없이 무언가를 했다. 그랬던 내가 강조하며 되풀이하는 선언에 숨겨진 뜻을 남편은 알았다. 그런데 아이도 알았나 보다. 드디어 '책임'이라는 것에서 벗어났다. 이제 부서도, 아이들과 선생님도 책임지지 않아도 된다. 자녀보다 다른 아이들을 먼저 챙겨야 했던 아쉬움에서 해방되었고, 더 많은 가정을 신경 써야 하는 부담이 사라졌다. 나를 누르던 무거운 짐 몇 개가 내려진 기분이었다.

퇴사 후 몇 날 며칠 동안 계속 잠을 잤다. 아침에 아이들을 등교시킨 후 점심도 거른 채 아이들이 하교할 때까지 잤다. 아이들이 하교하면 식사를 챙겨주고 저녁에 또 일찍 잠에 들었다. 자도 자도 계속 잠이 쏟아졌다. 꼭 겨울잠을 자는 동물이 된 기분이었다. 동물이 겨울잠을 자는 이유는 추운 겨울 동안 에너지를 절약하고 생존하기 위해서라고 한다. 에너지가 마이너스가 된 지 오래였던 나에게는 걱정도 계획도 없이 푹 자는 것이 필요했나 보다. 한없이 쏟아지는 잠을 자고 일어나면 얼굴과 손이 퉁퉁 부어 있었다.

이렇게 아무것도 하고 싶지 않은 때가 없었다. 정신없이 바쁠 때도 일은 가슴 떨리게 좋고 심장을 두근거리게 했다. 일을 계획하고 준비하고 꿈꿀 때면 눈빛이 살아났었다. 피로해도 며칠이 지나면 일과 배움에 대한 열정이 다시 샘솟곤 했다. 그런데 이번은 달랐다. 달라도 완전히 달랐다. 이런 적은 처음이었다. 며칠을 쉬어도 아무런 열정이 생기지 않았다. 시간이 흘러도 일하고 싶은 생각이 전혀 들지 않아 그런 자신이 낯설고 어리둥절할 정도였다.

겨울은 캠핑하기에 분위기 있는 계절이다. 숙소 마당에서 장작에 불을 피웠다. 고기를 굽고 고구마를 포일에 싸 장작불 속에 넣었다. 아이들은 마시멜로를 들고 들뜬 표정으로 모였다. 불에 구우면 더 고소하고 맛있다나. 하늘에서 펑펑 내리는 눈송이와 마시멜로가 쌍둥이처럼 비슷했다. 입김을 내쉬며 불멍을 하고 음식을 다 먹은 후에 불을 껐다. 안전을 위해서는 불씨 하나라도 남겨두어선 안 된다. 다시 불이 붙지 않도록 전소해야 한다. 불이 완전히 꺼진 자리에 다시 불을 붙이려면 시간이 걸린다. 내 마음이 마치 타고 또 타서 완전히 꺼져버린 재처럼 느껴졌다. 이리저리 흩날리는 먼지밖에 없어 보였다. 어떤 말을 듣고 무엇을 봐도 마음이 다시 타오르지 않았다.

성경에 엘리야라는 선지자가 나온다. 신의 말씀을 백성들에게 선포하고 절대 권력자인 왕 앞에서도 전혀 두려워하지 않은 용감한 사람이다. 수백 명의 가짜 선지자와 홀로 싸워 승리할 정도로 배포가 컸다. 사명을 잘 감당하던 그는 가짜 선지자와의 승리 뒤에 죽음의 위협을 느껴 도망을 간다. 그리고 신께 기도한다. 말이 기도이지 죽기를 원할 정도였다. 그런 그에게 신은 천사를 보내 음식을 주시고 자게 하셨다. 그리고 부드럽게 대화하시며 새로운 사명을 주셨다.

감히 엘리야 선지자에 비교할 수 없지만 마음만은 비슷했다. '정말 이러다가는 죽거나 미칠 것 같습니다. 쉼을 허락해 주세요.' 딸이 골라 준 『아무 일도 하지 말라』는 제목처럼 이제부터 아무 일도 하지 않는 삶을 살아 보련다. 어떤 삶일지 가늠이 되지 않는다. 서점에서 신간을 집어 들고 첫 페이지를 펼치는 느낌이다. 평소에 읽지 않고 잘 모르는 장르의 책장으로 걸어 들어가는 것 같다. 생전 가 본 적 없는 여행지를 향해 가는, 낯설면서 설레는 기분이 이런 거겠지.

7
허무와 분노의 롤러코스터

"아아… 으으…."

저녁 8시. 중식당에서 약속이 있었다. 식사 후 집으로 돌아온 지 1시간쯤 지났다. 창자가 쥐어짜듯 조여 왔다. 벌써 세 번째 설사였다. 근래 먹었던 음식들을 머릿속으로 떠올려보았지만, 특별히 날것을 먹었다거나 잘못 먹은 음식이 없었다. 가족이 같은 음식을 먹었는데 나만 아픈 이유를 찾아보려고 며칠간의 식단을 복기했다.

퇴사 후 이사를 했다. 아무것도 하지 않을 거라고 선포한 것과는 달리 내 일상은 예전과 달라진 게 없었다. 이삿짐들을 정리하고 청소했다. 아이들 학교와 학원을 알아보고 가고 오는 나날이 반복됐다. 새롭게 바뀐 환경에 긴장이 되었던지 아이들과 남편이 돌아가며 독감과 심한 감기에 걸렸다. 병원을 여러 번 들락거리며 아이들은 결석하고 집에서 쉬기도 했다. 세 끼를 정성껏 챙겨주는 와중에 역시나 시간이 아까웠다. 언제 다시 쉬게 될지 모른다는 생각에 조바심이 나서 주문했던 책들을 틈만 나면 굶주린 사람처럼 읽어대기 시작했다. 그렇게 나는 간절히 그리워하고 원했던 쉼을 한쪽 구석에 치워두고 또 움직이고 있었다.

이사 후 석 달이 지난 어느 날, 아침에 일어나기 힘들 정도로 온몸이 무거웠다. 뜨거운 햇빛에 녹아 아스팔트에 진득하게 붙어 버린 젤리가 된 기분이었다. 겨우 아침 식사를 챙겨주고 잠시 누우려는 순간 아이의 말이 떠올랐다.

"엄마, 너무 더웠어요!"

전날 아이가 발그레한 얼굴로 말했었다. 벌써 봄이 오고 있었다. 옷장에 걸려 있는 두껍고 칙칙한 겨울 코트와 점퍼들이 내 몸만큼이나 무거워 보였다. 아이가 덥다는데 어쩌랴. 결국 다시 몸을 일으켰다. 봄옷과 내친김에 여름옷까지 꺼냈다. 금방 더워질 테다. 이 일을 반복하고 싶지 않아 한 번에 옷 정리를 끝낼 거다. 다섯 식구의 옷이 거실을 가득 채울 정도로 어마어마했다. 일단 일을 시작하면 깔끔하게 처리하는 성격 덕에 (덕인지 탓인지) 언제 몸이 무거웠냐는 듯 빠르게 움직였다. 빨리 끝내고 쉬고 싶은 마음이었다.

열 개가 넘는 큰 압축팩에 겨울옷들을 다 집어넣고 온몸으로 눌러 공기를 뺐다. 압축팩을 하나씩 옮겨 한쪽에 차곡차곡 쌓았다. 빨아야 할 옷들은 세탁기와 건조기에 여러 번 들어갔고 맡겨야 하는 옷들은 세탁소로 옮겼다. 몸은 겨울 코트 서너 개를 겹쳐 입은 듯 더 무거워졌지만, 마음만은 여유로운 옷장만큼이나 가볍고 후련했다. 그런데 정말 큰 문제는 이제부터 시작이었다. 힘들다고 빠질 수 없는 중요한 모임이 저녁에 있었다. 아, 나는 도대체 무슨 짓을 한 것인지. 후회해도 때는 이미 늦었다.

주문한 음식을 겨우 절반만 먹고 집에 돌아왔다. 그리고 1시간 후 배가 아우성치기 시작한 거였다. 집에 있는 약을 털어 넣었지만 밤새 아픈 배를 부여잡고 자고 깨기를 반복했다. 아침 일찍 병원에 갔다. 복부 초음파, 심전도 검사 등을 하고 결과를 들었다. 대장벽이 있고 대장 통로가 있는데 대장벽이 일부가 아닌 전체가 퉁퉁 부어서 맞은편 대장벽과 맞닿아 있는 정도라고 했다. 매우 아팠을 거라며 입원해서 수액을 통해 약을 주입하는 게 효과가 빠를 거라는 결과를 들었다. 아이들을 돌봐야 해서 입원은 안 하려고 밤새 참은 건데 결국 입원이었다.

4인실 병실에 나를 제외하고 모두 어르신이었다. 내일모레 퇴원을 앞두어서인지 컨디션이 좋아 보이셨다. 대화와 TV의 큰 소리가 꽹과리처럼 귀에 쟁쟁 울렸다. 아이들을 출산하고 양육하면서 소리에 굉장히 민감해졌다. 아이가 잠깐 뒤척이는 소리에도 깼던 시간이 꽤 길어서인지. 그런데 시장통같이 시끄러운 속에서도 병원 침대에 눕자마자 정신을 잃었다. 며칠 동안 수액을 통해 약과 영양분이 몸에 공급되었다.

입원 4일째 정신이 들기 시작했다. 드디어 죽을 먹기 시작하고 잠시 눈을 뜨고 있을 정도가 되었다. 앉아 있을 힘이 없어 누워서 천장을 멍하니 바라보고 있었다. 할머니 두 분이 퇴원하시고 새로운 환자가 입실했다. 한 명은 20대, 다른 한 명은 40대로 보였다. 나와 같은 병명으로 입원한 첫날인데도 그들은 앉아서 대화하고 죽을 먹고 있었다. 며칠 동안 괴로워하는 소리를 삼키고 누워서 잠만 자던 나와는 달리 여유로워 보였다. 그때부터였다. '나는 무엇을 위해서 그렇게 열심히 살았는가.', '왜 만나는 모든 이들에게 진심으로 애썼나.' 이 두 가지 문장만 머릿속에서 계속 재생되었다.

퇴사 몇 개월 전부터 깊은 분노가 찾아왔었다. 타인에게 관대한 편이라 웬만하면 이해하고 배려하는 성격인데 도저히 참을 수 없는 지점에 다다랐었다. 분노의 원인은 한 가지가 아니라 복합적이고, 여러 가지 상황과 이유가 서로 엉키고 영향을 미쳐 분노는 갈수록 더 커졌다. 끓는점은 물질에 따라 다른 값을 가지고 있다. 내 분노의 끓는점은 꽤 높았지만 이미 넘어간 지 오래였다. 그렇다고 타인이나 가족에게 분노의 뜨거운 증기를 쏟아 낼 수 없었다. 다른 이에게 화풀이하거나 피해를 주는 건 내 가치관에 어긋난다. 그렇게 밖으로 표출되지 못한 뜨거운 분노는 그대로 내 안에서 나를 태웠다. 잠잠해졌다고 생각했던 분노가 병실에서 다시 일어나기 시작했다.

성실하고 모범적이었던 나는 가정과 일에도 같은 마음으로 임했다. 나보다는 가족과 부서가 우선이었다. 직장에서는 안정과 발전을 이루었고 인정받았다. 가족들은 사는 게 행복하다고 말했다. 그런데 지금 나는 이게 뭔가? 정작 나에게는 약해진 몸만 남았나? 부서는 내가 없어도 잘 돌아가고 있는 것 같고, 아이들은 각자 바쁜 일정으로 아픈 엄마를 크게 걱정하는 것처럼 보이지 않았다. 이게 열심히 최선으로 살아온 삶에 대한 대가이고 결과인가?

내게 남은 게 뭔지를 끊임없이 스스로에게 질문했다. 남편은 세 명의 예쁜 자녀들이 남지 않았냐고 했지만, 이미 허무함에 깊이 빠진 내게 그 소리는 들리지 않았다. 아이들은 아이들이고 그럼 나는? 내게 남은 거라곤 늘어난 흰머리와 주름, 뱃살, 나이 듦, 병들고 약해진 몸밖에 없어 보였다. 대학생 때 말라깽이라고 불리던 날씬한 나는 어디로 갔는지 보이지 않았다. 내 젊음과 시간과 인생은 다 어디로 흩어져 버린 걸까. 수증기가 되어 버렸는지 아무리 눈을 크게 뜨고 살펴봐도 보이는 게 없었다.

'내가 옳다고 믿고 살아온 가치관과 신념과 삶의 방식이 잘못된 것인가.'라는 생각이 나를 괴롭혔다. 그게 가장 힘겨웠다. 생각의 꼬리가 끝날 때쯤 '허무함과 회의감'이 쓰나미처럼 나를 덮쳤다. 병실에는 5일간 있었지만 허무함과 분노와 억울함은 그 후로도 오랫동안 계속되었다. 이 감정이 사라지기는 할지 의문이 들 정도로. 그때부터였다. 허무와 분노 사이를 롤러코스터처럼 왔다 갔다 하는 어지러운 시간이 이어진 게. 거의 1년 동안.

8
번아웃 태풍 속에서 잃어버린 나

"어떤 계절을 가장 좋아하세요?"

사람마다 좋아하고 선호하는 계절이 있다. 위 질문에 나는 항상 '여름'이라고 대답했다. 한결같고 변함없이 여름이라는 계절을 가장 좋아해 왔고 좋아하고 있다. 앞으로도 그럴지 확답은 못 하겠다. 너무 덥거나 추운 날씨가 힘들다고 느껴지기 시작했기 때문이다. 나의 1순위 계절은 쭉 여름이었으면 싶은데, 나이가 들어서 또는 체력이 떨어져서가 원인인 것 같다. 여름을 좋아한다고 하면 주변 사람들이 너무 덥다며 질색했다. 높은 온도와 습도 같은 건 상관없이 내겐 그저 좋은 계절이다.

여름이 주는 풍경과 이미지가 눈부시게 아름답다. 열정, 청춘, 시원한 바다, 강렬한 태양, 진하게 반짝이는 초록 잎, 울리는 매미 소리, 여름밤의 풀냄새 등을 사랑한다. 그래서 공기에서 가을이 느껴지면 떠나가는 여름이 못내 아쉽고 서운했다. 여름이 가면 1년이 다 가버린 것 같은 느낌이어서 말이다. 가을과 겨울이 들으면 자신의 존재감이 이것밖에 안

되냐며 서운해할 것 같지만.

  그런데 이유 없이 좋은 여름에 반갑지 않은 게 하나 있다. 반갑지 않을 뿐 아니라 매우 무서운 손님이다. 바로 태풍이다. 태풍은 해수면 온도가 27℃ 이상인 바다에서 발생한다. 지구는 구형이기 때문에 저위도와 고위도 사이에서 열에너지의 불균형이 생기게 된다. 많은 에너지가 축적된 적도 부근의 바다에 대류구름이 생성되는데, 이 대류구름들이 모이면서 거대한 저기압 시스템이 발생한다. 우리는 이것을 태풍이라고 부른다. 태풍은 최대 풍속 17m/sec 이상의 강한 폭풍우를 동반한다. 태풍은 관우와 장비를 거느린 의기양양한 유비처럼 거침없이 우리에게 돌진한다. 우리의 의사는 묻지도 않고 저 멀리 태평양에서 세력을 형성해서 위협적인 모습으로 찾아온다.

  『내가 뭘 했다고 번아웃일까요』에서는 "'번아웃'이 사람이 지치고 소진되었을 때 나타나는 어떤 증상 또는 상태"라고 말한다. 상황이 개선될 거라는 희망이 없고 의미 없는 일이 끝없이 반복된다고 느낄 때 번아웃이 온다고 이야기한다. 번아웃은 말 그대로 모두 타버렸다는 뜻이고 탈진 증후군, 소진 증후군, 연소 증후군이라고 부르기도 한다.

  번아웃 연구로 유명한 미국의 심리학자 크리스티나 매슬랙은 "사람과 관련된 업무를 하는 사람들 사이에서 자주 일어나는 정서적 고갈 상태와 냉소주의 증후"라고 번아웃을 정의했다. 그래서 감정 노동자와 자녀 주 양육자들이 감정 번아웃을 잘 경험하는데 직장인이라고 예외는 아니다. 매슬랙 교수는 번아웃의 근본 원인이 개인이 아니라 조직에 있다고 말하면서 높은 직무를 요구받으면서도 의사 결정권이 없고 보상이 충분하지 않은 것, 가치관의 대립이나 팀의 불화 또는 동료들의 지지 부족도 모두 번아웃의 원인이 된다고 이야기한다.

우리는 보통 화가 날 때 "열받았어!"라고 말한다. 열받은 시간이 길어지고 양이 많아질수록 화는 더 커진다. 화가 적절하게 그때그때 해소되지 못하면 점점 쌓이게 된다. 그리고 더 이상 참을 수 없을 때 폭발한다. 번아웃과 태풍이 비슷하다는 생각이 퍼뜩 들었다. 태풍도 일정 온도 이상일 때 발생하기 시작하고 에너지의 불균형으로 생긴다. 우리 삶 어딘가에서 균형이 깨어졌을 때 문제가 일어나기 시작한다. 대류구름들이 모이면 거대한 저기압 시스템이 생겨나는 것처럼 해소되지 못한 문제들이 모이면 거대한 문제의 집합체가 된다.

허무와 분노의 태풍이 나를 덮쳤다. 어쩌면 이 태풍은 조금씩 다가오고 있었을 것이다. 다가오는 태풍을 어렴풋이 느꼈지만 산적해 있는 일들을 해내기에도 시간이 부족했다. 엄마, 아내, 리더의 역할을 잘 감당하기 위해서 내 마음을 살필 여력 따윈 없었다. 지칠 대로 지친 몸과 마음은 한쪽에 치워두고 나는 줄기차게 힘을 내야 했다. 그 속에서 중심을 잃지 않기 위해 애썼다.

그동안 미뤄두고 꾹꾹 눌러두었던 감정들도 대류구름들처럼 점점 커지고 있었나 보다. 알아채도 할 수 있는 일이 없었기 때문에 모르는 척했는지도 모른다. 할 수 있는 건 참고 인내하는 것뿐이었다. 태풍이 지나간

곳은 강한 비바람으로 초토화가 된다. 태풍의 위력이 강할수록 피해는 더 커진다. 나무가 뽑히고 자동차가 날아가며 간판이 떨어지고 기물이 부서지고 망가진다. 지붕이 날아가고 집이 완전히 침수되기도 한다.

번아웃 태풍을 만난 마음이 태풍에 흔들리는 나무들처럼 이리저리 세차게 흔들렸다. 꾹꾹 눌러온 압력밥솥 같은 감정들이 고삐 풀린 망아지처럼 연기를 내뿜으며 튀어나오기 시작했다. 예전 같으면 더 강한 의지력으로 막고 눌렀을 일이다. 그러나 이번에는 내버려두었다. 마음과 감정이 흔들리는 대로 날뛰는 대로 두고 싶었다. 그냥 그러고 싶었다. 그것조차 하지 않으면 스스로가 너무 가여울 것 같았다. 나는 그동안 내 감정을 있는 그대로 수용하고 표현한 적이 있었던가.

퇴원하고 집에 돌아와서 휴식을 취했다. 그러던 어느 날 집에서 많은 공간을 차지하고 있는 책장이 갑자기 눈에 거슬렸다. 아니, 정확히 말하자면 책장에 꽂혀 있는 책들이 꼴 보기 싫어졌다. 그런 자신에게 흠칫 놀랐다. 제일 좋아하는 물건이라면 책이라고 할 수 있을 정도로, 책을 살 땐 연애할 때처럼 가슴이 콩닥콩닥 뛰었다. 대학생 때는 계속 책을 읽고 싶어서 '책, 음악, 몸을 누일 공간만 있으면 살 수 있을 것 같다.'라는 생각을 했었다. 먹는 것에 별 관심이 없어서 식사를 위해 이동하는 게 번거롭고 귀찮게 여겨졌다. 똑똑한 과학자가 하루에 한 알만 먹어도 포만감이 있고 영양이 채워지는 알약을 연구해 주기를 바랐었다.

그런데 지금껏 같은 자리에 있었던 책장 가득한 책들이 갑자기 짐처럼 느껴지다니. 보는 것만으로도 숨이 턱턱 막히는 걸 뭐라고 설명해야 할지. 두껍고 다양한 크기의 신학책과 신앙 서적들, 자기 계발서와 마음·가정에 관한 책들을 모두 버리고 싶었다. 집에 있는 짐들도 비바람에 젖은 옷처럼 축 처져 보였다.

"아, 다 버리고 싶다. 간단하게 살고 싶어. 미니멀하게 살고 싶다!"

태풍을 만나면 정신을 차릴 수가 없다. 사방에서 사정없이 불어닥치는 비바람에 온몸이 따귀를 맞는다. 그 안에서 제대로 서 있는 것은 거친 파도를 거슬러 헤엄치는 것처럼 몇 배의 힘이 들어간다. 태풍을 만나면 '생존'하는 것 외에 생각할 수가 없다. 그것만으로도 대단한 것이다. 태풍은 강도와 세기가 다양하다. **나는 번아웃 슈퍼 태풍 속에서 나를 잃어버렸다. 과거와 현재와 미래도, 방향과 속도와 의미도 모두 날아가 버렸다.** 태풍이 나를 둘러쌌는데 책들이 다 무슨 소용인가? 무엇이 나를 구할 수 있을까? 나는 이제부터 무엇을 해야 하고 어디로 가야 하나? 나는 혼돈하고 공허하며 깊은 흑암 속에 빠져들어 갔다.

당신의 마음에 빛이 비치기를

부록 3 번아웃 회복 루틴

번아웃은 '힘들다'를 넘어선 완전히 소진된 상태이기 때문에 애쓰지 않아도 돼요. 하루에 10분만 지친 나에게 집중하고 안부를 물어 주세요. 아주 작은 것부터 천천히. 이 시간이 익숙해지고 점점 길어지면 내면의 힘이 자랄 거예요.

- 느리게 움직이기
- 책상 정리하기
- 창문 열고 환기하기
- 멍때리기
- 향 좋은 핸드크림 바르기
- 스트레칭하기
- 마음에 드는 곡 반복해서 듣기
- 맛있는 한 끼 먹기
- 여행이나 좋았던 추억 사진 보기
- 숨 크게 쉬기
- 아름다운 시 읽기
- 하고 싶은 거 한 가지 하기
- 글쓰기
- 따뜻한 차 마시기
- 반려동물(인형) 쓰다듬기
- '나 잘했다!' 포인트를 한 가지 떠올리기
- 재미있는 영상 보기
- 아무것도 하지 않고 누워 있기
- 산책하기
- 햇빛 드는 곳에 가만히 앉아 있기
- 미래를 꿈꾸며 상상하기
- 솔직하게 기도하기
- 신선한 과일을 음미하며 먹기
- 초록 식물에 물 주기
- 편한 사람과 수다 나누기
- 끄적끄적 그림 그리기
- 비타민과 건강식품 챙겨 먹기

✱ 마음에 드는 루틴이 있나요? 하고 싶은 회복 루틴은?

4장

잃어버린 조각들을 찾아서

삶에 쫓기며 흩어져 버린
작은 조각들을 다시 찾고 줍기 시작하자,
저 멀리에서 회복의 빛이 미세하게 반짝였다.

1
동굴 속, 홀로 만난 작은 숨결

번아웃 태풍 속에서 이리저리 흔들리다가 한 동굴을 발견했다. 오로지 생존을 위해서 지친 몸과 마음을 이끌고 기다시피 들어왔다. 동굴은 고요하고 조용했다. 무직이 되었다. 전화벨이 울리지 않았다. 누군가는 그런 상황이 오면 외롭다던데 전혀 그렇지 않았다. 울리지 않은 핸드폰이 사랑스러워 보이기까지 했다. 기쁜 동시에 어색했다. 그 동굴 속에 나만 있었다. 해야 할 일도 직장도 없이 그저 오롯이 나라는 존재만. 40년 넘게 함께 있었던 내가 이상하게도 낯설었다.

나는 동굴 속에서 가만히 '나'를 바라보았다. 처음 만난 사람과 마주 앉아 있는 것 같은 기분이었다. 버스나 기차 옆좌석에 모르는 사람이 앉은 듯 어색했다. 자아 성찰과 자기검열을 잘 하지만 순수하게 나를 탐구해 본 적이 있었나. 나를 살펴보았다. 머리끝부터 발끝까지 외모, 눈빛, 생각, 마음, 성격을 찬찬히 관찰했다. 그리고 결심했다. 당분간 이 동굴에서 나에게만 집중하기로. 가만히 나를 만나고 알아가고 탐구해야겠다고.

내향적인 사람은 홀로 있는 시간을 통해 에너지를 충전한다. 어떤 이들은 심심하지 않냐고 묻지만, 그 시간에 할 수 있는 게 얼마나 많은지 몰라서 하는 말이다. 세 자녀를 키우며 워킹맘으로 오랜 시간을 보냈다. 나만의 시간이 전혀 없던 때도 조금일 때도 있었는데 결론은 턱없이 부족할 때가 대부분이었다. 갑자기 생긴 여유로운 시간은 반갑기 그지없었다. 오래도록 그리워하던 사람을 만난 것처럼 마음이 두근거렸다.

어떤 도구에 대해 잘 알면 그 도구를 잘 활용할 수 있다. 가전제품을 구매하면 설명서가 같이 온다. 겉으로 보기엔 단순해 보이는 제품도 알고 보면 활용법이 다양하다. 이사하고 정수기를 설치하자 사은품으로 에어프라이어가 따라왔다. 사용이 편리하다, 관리하기 힘들다 사이의 팽팽한 의견 중에 힘든 쪽으로 마음이 기울었었다. 그런데 이왕 주어졌으니 써 봐야겠다.

아이들이 먹고 또 먹어도 질리지 않아 하는 피자를 만들었다. 올리브유를 쟁반에 바르고 또띠아를 올렸다. 그 위에 토마토소스를 바르고 토마토, 닭가슴살, 버섯, 베이컨, 달걀 스크램블, 시금치를 골고루 배치했다. 마지막으로 치즈를 골고루 뿌려 180도에서 25분을 돌렸다. 시간이 되니 땡 하며 작동을 멈추었다. 꺼내보니 제법 그럴싸했다. 닭다리와 윙을 사서 양념하고 넣었다. 역시나 파는 것과 다를 바가 없었다. 아니, 오히려 더 건강하고 신선한 맛이 났다. 아이들이 맛있다고 흡입하면서 또 만들어 달라는 눈빛을 강하게 발사했다. 기계를 제대로 사용하자 맛있는 음식이 탄생했다.

'메타인지'라는 말이 있다. '자신의 인지과정에 대하여 한 차원 높은 시각에서 관찰·발견·통제하는 정신작용'이라는 뜻이다. 메타인지 능력이 높을수록 자기 능력과 한계를 정확히 파악하여 시간과 노력을 적절하게 투자하므로 효율성이 높아진다. 『메타인지의 힘』 저자는, 메타인지가 인간이 기계와 구별되는 유일한 능력이자 인공지능 시대에 반드시 갖춰야 할 경쟁력이라고 말한다. 유발 하라리의 "기술이 사람에 대해 더 잘 알게 될수록 우리는 내가 누구인지, 내가 인생에서 바라는 게 무엇인지 알아야 한다."라는 말을 인용하며 디지털 세상에서 메타인지가 필수 능력임을 강조한다.

우리는 너무 분주해서 정작 자신을 잃어버리고 살고 있는지 모른다. 나 또한 오랜 세월을 그랬다. 온전히 존재로 자신을 만나는 시간은 뒤돌아보면 거의 없었다고 해도 무방하다. 태풍, 폭풍, 전쟁터 속에서 자신을 탐구하기란 실로 불가능한 일이다. 어떤 이들은 그 속에서도 잘 '조절'하라고 말했지만, 전쟁터 속에서 조절이 가능하다는 생각 자체가 어불성설이다. 하루살이처럼 날마다 산적한 일들을 해내는 것만으로도 충분히 버거운 날들이었다. 그 속에서 가만히 자신을 들여다보고 깊이 만난다는 건 감히 생각하지도 못한 사치였다.

나를 만나고 알아간다는 건 타인과의 만남처럼 시간과 노력이 투자되는 일이다. 새로운 장소를 여행하고 알아가는 것처럼 에너지가 들어간다. '몸이 멀어지면 마음도 멀어진다.'라는 말처럼 감정과 일상과 생각의 소통이 줄어들면 자연스레 멀어지게 된다. 이건 자신과도 마찬가지이다. 나는 나와 온전한 소통을 하지 못했다. 누군가를 만나는데 상대방이 자꾸 나를 검열하고 판단하려 한다면 그 만남은 피하고 싶을 것이다. 그런데 나는 그런 유쾌하지 않은 일을 스스로에게 하고 있었다. 나는 어떤 판단이나 검열도 없이 나를 만나기로 했다.

배움을 즐거워하는 나는 동굴에서 홀로 나를 알아가는 시간이 낯선 풍경 앞에 선 기분이었다. 여러 다양한 검사와 책과 프로그램을 통해 나를 알아가는 것은 어린 시절 보물찾기처럼 기분 좋은 떨림이었다. 어떤 이들은 그런 검사로 자신을 규정하는 걸 싫어했지만 체계적이고 조직적인 성향의 나는 입꼬리가 슬며시 올라갔다. 어색했던 나를 관찰하고 탐구하고 만나면서 나라는 사람을 점점 알아갔다. 무엇을 좋아하고 싫어하며 어떤 장단점이 있는지, 중요하게 생각하는 가치와 지향하고 꿈꾸는 삶의 모습이 동굴 속에서 점점 드러났다.

가전제품의 특징과 사용법을 아는 만큼 효과적으로 활용할 수 있는 것처럼 자신을 잘 알아야 한다. 메타인지가 잘 되면 자신에게 맞는 목표와 방향을 설정하고 강점을 극대화하고 약점을 관리하여 성장할 수 있다. 자신에게 맞는 일과 사명을 발견해 중요한 일에 집중할 수 있다. 또한 자신의 한계를 알고 나아가 타인과 건강한 관계를 맺을 수 있다.

나는 나와 점점 친해졌다. 어색했던 내가 익숙하고 가깝게 느껴지기 시작했다. 그래, 자신과 친해질 시간과 여유가 필요했던 거야. 그건 분명한 사실이었다. 우리는 때때로 아무도 없는 동굴에 들어가야 한다. 오롯이

나를 만나기 위해서. 나라는 존재를 마주하고 알아가기 위한 시간, 그게 자신과 오래도록 사이좋고 행복할 방법일 것이기에.

2
게으름과 친해지려는 중입니다

'습관'은 '어떤 행위를 오랫동안 되풀이하는 과정에서 저절로 익혀진 행동 방식'을 뜻한다. 『습관이 답이다』의 저자는 습관이 인생을 성공 또는 실패로 이끈다는 사실을 5년의 연구 끝에 발견했다고 말한다. 따라서 인생을 변화시키려면 좋은 습관을 채택하고 나쁜 습관을 제거해야 한다고 주장한다. 누구나 좋은 습관을 지니기 위해 노력한다. 게으름이라는 습관에 대한 일반적인 생각은 부정적이다.

첫째가 태어나면서부터 내 삶은 여러 부분에서 변화가 생겼다. 대학원 생활도 여유롭지 않았지만, 육아는 훨씬 더 높은 차원의 분주함이었다. 둘째와 셋째가 태어나면서 하루의 시간을 쪼개고 또 쪼갰다. 그래도 미처 끝내지 못한 일들이 높은 산처럼 남아 있었다. 그 속에서 나를 위한 시간을 내기 위해서는 더 빨리 움직이는 수밖에 없었다. 그렇지 않으면 나만의 시간을 조금도 가지지 못하게 된다.

날마다 하루 계획표와 싸웠다. 모두 해결하고 승리하느냐, 이루지 못하고 좌절하느냐의 싸움이었다. 하지만 눈에 보이지 않은 이 싸움이 자녀들에게 부정적인 영향을 미치는 걸 원치 않았다. 잔잔한 호수 아래로 물살이 끊임없이 흘러가듯 나는 겉으로 평온함을 유지했지만, 머릿속은 처리해야 할 많은 일들로 가득 차 있었다. 머리와 몸은 효율적인 하루를 위해 쉴 새 없이 움직였다.

다이어리에는 'To do list'가 빼곡하게 적혀 있었다. 한 가지도 빠트리지 않기 위해 하루에도 여러 번 다이어리를 확인했다. 아이 학교 준비물이나 중요한 서류 등을 빠뜨리면 오늘 끝내지 못한 일을 하느라 내일은 더 분주하게 될지도 모른다. 그렇게 20년 가까이 살아왔으니 빠르고 분주한 삶은 나도 모르게 습관이 되었다. 아침 기상과 동시에 '오늘 할 일이 뭐더라? 빨리 시작하자.'라는 생각을 했다. 그러다 문득 깨닫고 안도의 한숨을 내쉬었다. 아, 지금 쉬고 있지. 그러나 오랜 시간 굳어진 습관은 큰 힘을 가지고 있었다. 여전히 집안일을 빨리빨리 처리하는 상태가 지속됐다.

MBC 〈어서 와~ 한국은 처음이지?〉라는 프로그램이 있다. 한국을 찾아온 외국인 친구들의 리얼 한국 여행기를 담은 신개념 국내 여행 리얼리티이다. 스웨덴, 핀란드, 프랑스, 노르웨이, 독일, 브라질, 덴마크 등 다양한 외국인이 우리나라를 경험한다. 그중 외국인들이 한국에 대해 비슷하게 놀라는 부분은 '빨리빨리' 문화였다. 식당에 가서 앉기도 전에 점원이 다가와 메뉴를 묻고 요리가 몇 분 안에 뚝딱 나온다. 안경을 맞추는데 15분 정도 걸린다는 말에 핀란드 친구는 입을 다물지 못한다. 그 외에도 인터넷 속도, 배달 문화, 눈이 내리기 시작하자 바로 나타난 제설차, 병원의 시스템 등 빨리빨리 문화는 한국 곳곳에 깊이 뿌리내려 있다.

나도 어쩔 수 없는 한국인인가 보다. 코로나 때 세계 최초로 드라이브 스루 검사를 생각해 낸 우리나라가 자랑스러웠다. 그러나 빠른 삶에는 치명적인 단점이 있었다. 겨우 확보한 짧은 시간 안에 다 끝마쳐야 했던 일들. 몰입과 집중력으로 준비하고, 계속 발전하고 성장하기 위해 했던 자기 계발까지… 바쁜 삶은 몸을 긴장시키고 경직되게 했다. 일요일 아침엔 가끔 유쾌하지 않은 꿈을 꿨다. 정장이 보이지 않아 계속 옷장을 뒤적거리는 꿈, 일하러 가는 길에 생기는 돌발 상황들과 마이크가 작동하지 않는 꿈 등.

"이제 일 안 하잖아. 편하게 있어."

남편의 말에 동의하지만 내 몸이 그러기엔 시간이 좀 더 걸리려나 보다. 더 이상 이렇게 살 수 없다. '오늘부터 게으르게 살겠다!'라고 다짐했다. 그렇다. 이건 큰 다짐과 결심이 필요했다. 지금까지 살아온 습관과 패턴을 완전히 바꾸는 것이다. 지금까지가 만족스럽지 않다면 새롭게 살아봐야 한다. 습관처럼 빨리 움직이고 있는 자신을 발견할 때면 말했다. 느리게, 느리게 움직여. 나도 모르게 분주하게 돌아가는 머리에 이야기했다. 천천히, 한 가지씩만 생각해. 어깨에 힘이 들어간 걸 인식할 땐 잠깐씩 스트레칭을 했다. 그러나 오랜 시간 익숙해진 패턴이 몇 번의 말과 며칠의 노력으로 바뀔 리는 없을 터.

읽고 싶었던 책 여러 권을 며칠 사이에 주문했다. 책 택배가 도착하면 버선발로 뛰어나가 소중하게 들고 집으로 들어왔다. 상자를 열고 새 책 냄새를 음미하는 나를 아이들은 이해할 수 없다는 표정으로 쳐다보았다. 이런 행복함을 아이들과 공유하고 싶은데 아쉬울 뿐이다. 갑자기 생긴 시간이 아까운 난 책들을 책상 한쪽에 쌓아두고 빨리빨리 펼쳐보고 있었다. 아이가 보다 못하겠는지 한 마디를 던졌다.

"엄마는 쫌! 게으르게 살 필요가 있어요!"

'그렇지? 그런데… 그거 어떻게 하는 거야?'

게으르게 살고 싶은 나는 그런 삶이 낯설었다. 처음 운전을 배우는 사람처럼 어색하고 방법을 모르겠다. 부지런함을 강조하는 세상에서 게으르게 사는 습관은 어떻게 만드는 걸까? 『맥스웰 몰츠 성공의 법칙』에서는 하나의 행동이 습관으로 자리 잡기 위해 필요한 시간으로 21일을 이야기한다. 나도 21일이 지나면 게으르게 사는 데 성공할까? 『아주 작은 반복의 힘』은 모든 변화에는 그것이 긍정적일 때조차도 두려움이 따라오고 뇌는 변화를 싫어하므로 큰일을 해내는 유일한 방법은 아주 작은 일의 반복이라고 말한다.

그래. 아주 작은 것부터 시작해야 한다. 내 미래가 바뀔 중요한 순간이다. 단 한 번도 부러운 적 없었던 지상 최고의 느림보 나무늘보에게 동경의

감정이 생길 줄이야. 일단 느리게 움직이는 것부터 해 보자. 하루를 시작하는 아침 알람 소리에 벌떡 일어나지 않기다. 천천히 스트레칭하고 느릿느릿 일어나서 종종걸음이 아닌 느린 걸음으로 움직이기부터 시작해 보련다. '몸과 뇌를 천천히, 느리고 게으르게 움직일 것!' 새로운 습관이 유익했는지 21일 후에 한번 보자고.

3
쓸모없음 속에서 자라는 것들

에리히 프롬은 『소유냐 존재냐』에서 인간의 두 가지 실존 양식, 즉 소유 양식과 존재 양식을 분석한다. '소유적 인간'은 자기가 가진 것에 의존하지만, '존재적 인간'은 자신이 존재한다는 것 즉 자기가 살아 있다는 사실에 자신을 맡긴다고 이야기한다.

아이들을 학교에 데려다주고 돌아오는 길에 아파트 앞 화단에 피어 있는 해바라기를 보았다. 혼자서 우뚝 서 있는 모습이 당당하고 기개 있어 보였다. 나도 모르게 발걸음이 멈추었다. 해바라기꽃 주변에는 작은 봉선화꽃들이 무리 지어 피어 있었다. 성인 가슴 높이까지 자란 해바라기꽃은 시선을 강탈하기에 충분했다. 하지만 보는 사람이 아무도 없었다. 화단 앞이나 중간이 아닌 아주 구석진 곳에 피어 있었기 때문일까. 가까이 다가가 보았다. 꽃은 할 수 있는 최대의 힘을 끌어모은 듯 있는 힘껏 활짝 피어 있었다. 오늘이 절정일 것이라는 생각이 들었다. 아름다웠던 해바라기꽃을 생각하며 집으로 돌아와서 글을 적었다.

드러나지 않은

잘 보이지 않는

무심코 지나칠 수 있는

동네 화단 한 귀퉁이에

활짝 피어 있는 해바라기꽃이

소리 없이 소리쳐 부름에

홀리듯 다가간다

그곳이 어디든

신경 쓰지 않고

상관하지 않고

그저 신께서 만드신 본연의 모습대로

있는 힘껏 피어 있는 모습이

아름답다

당당한 자태가 더욱 멋지다

너의 존재 자체가

내 눈에도 그러한데

신의 눈에는 얼마나 예쁘실까

해바라기는 해바라기대로

봉선화는 봉선화대로

너의 존재가

- 「존재」, 김세희

나이가 들수록 꽃과 자연이 좋아진다는데 나는 어린 시절부터 자연을 좋아했다. 등교하는 길에 밝은 해를 몇 분씩 쳐다보며 걸었다. 그 후 눈을 깜박일 때 보이는 반딧불이 같은 번쩍임이 신기했다. 그 행동이 시력에 유익하지 않다는 걸 미리 알았다면 절대 하지 않았을 일이다. 주말 아침엔 일찍 일어나 마당으로 나갔다. 가족들이 잠든 이른 아침의 고요함이 마음에 들었다.

풀과 꽃에 이슬이 맺혀 있었다. 아침 특유의 싱그러운 풀 냄새를 맡으며 영롱하고 맑은 이슬을 한없이 바라보았다. 오후에는 시들어 버리는 나팔꽃도 그 시간에는 활짝 피어 있었다. 보랏빛 그러데이션의 꽃잎이 하늘을 향해 힘차게 노래하고 있었다. 종이보다 얇은 꽃잎이 흠잡을 데 없이 아름다운 곡선으로 펼쳐져 있었다. 색은 어쩜 이렇게 조화롭고 환상적인지. "예쁘다, 너 정말 예쁘다."라는 감탄이 흘러나오며 조심스레 꽃잎을 쓰다듬었다.

사람이 만든 어떤 훌륭한 건축물도 내게는 나무 하나보다 멋지지 않았다. 나무 몸통은 자연스러운 굴곡이 있고 가지들은 다양하게 뻗어있다. 가지에 붙어 있는 나뭇잎들은 여러 방향을 향하면서도 조화롭다. 꽃들은 각기 다른 모양과 색과 향기를 지니고 있다. 자연은 자기 안에 있는 생명을 온몸으로 뿜어내는 것 같다. 그래서 그런 자연 안에 있으면 황홀해 한참을 넋 놓고 자세히 바라보곤 했다.

벚꽃이 피는 계절이 다가왔다. 흐드러지게 핀 벚꽃을 보고 싶어 벚꽃 명소를 검색해 향했다. 넓은 호수 옆으로 커다란 벚꽃 나무가 쭈욱 이어져 있었다. 친구, 부부, 아이들, 직장인, 단체 등 다양한 사람들이 삼삼오오 걷는 모습에서 행복이 느껴졌다. 벚꽃 나무는 두 팔로 안을 수 없을 만큼 두껍고 5m는 족히 넘게 하늘을 향해 뻗어있었다. 나무마다 작은 연분홍 꽃들이 가득했다. 살랑 부는 바람에 꽃송이들이 축제 색종이처럼 흩날렸다. 나무 아래는 떨어진 꽃송이들이 1cm 두께로 쌓여 있었다. 그야말로 꽃길이었다.

하늘과 땅을 번갈아 보며 걷다가 한 곳에 시선이 머물렀다. 커다란 벚꽃 나무의 뿌리 근처에 작은 손바닥만 한 식물이 보였다. 가까이 다가가 보니 민들레꽃이었다. 노란 꽃이 하나의 꽃다발처럼 모여 있었다. 온통 벚꽃으로 가득한 곳에 혼자 피어 있는 게 신기했다. 어디에서 날아온 걸까? 주변을 둘러보니 몇 미터 간격으로 조금씩 보였다. 커다란 나무 옆에서도 전혀 주눅 들지 않은 모습이었다. 조그만 몸에 넘쳐흐르는 당당한 자신감이 당돌하고 멋졌다. 크기는 작지만, 존재감은 아주 선명했다. 소중하게 사진과 영상으로 담았다. 『민들레는 민들레』라는 그림책에 "민들레는 민들레. 싹이 터도 민들레. 잎이 나도 민들레. 여기서도 민들레. 저기서도 민들레…."라는 글이 생각났다.

퇴사 후 학교 선배에게 메시지가 왔다. 내가 일했던 지역에 다녀오는 길에 이야기를 들었다고 했다.

"열심히 사역했다고 들었어요. 탐내는 사역자더라고요. 귀한 열정의 사역자 이야기를 들어 반갑고 감사했어요. 자신을 불태워 사역하고 싶다니 마음이 찡해서…."

잠시 이야기를 나눈 후 마무리 인사로 선배가 말했다.

"'쓸모없음의 쓸모'를 가득 느끼다가 또 제대로 달려갈 길을 기대합니다."

쓸모없음의 쓸모! 나에게 딱 맞는 말이었다. 퇴사하니 직함이 없어졌다. 무언가를 해야 할 것 같은 기분에서 벗어나려고 의도적으로 노력했다. 그런 나에게 가장 훌륭한 스승은 자연이었다. 한 꽃은 다른 꽃을 부러워하지 않는다. 비교와 곁눈질, 주변 환경에 대한 불평도 없다. 그저 자신이 있는 곳에서 자기 자체로 존재한다. 원래 모습 그대로 힘껏 핀다. 그곳이 어디든 옆에 무엇이 있든지 상관없이 '자신으로 존재'한다. 민들레는 민들레, 해바라기는 해바라기, 봉선화는 봉선화, 벚꽃은 벚꽃으로.

자연을 좋아하는 것을 넘어서서 본받겠다고 마음먹었다. 외모, 직함, 자리, 환경, 주변 사람에게 상관하지 않고 오직 나라는 존재로 있기로 했다. 해야 할 일들이 아니라 그저 가만히 있어 보자. 노력하고 애쓰는 어떤 부자연스러운 마음도 없이, '잘' 존재하는 게 아니라 '그냥' 있기. 꽃과 나무처럼 조용하면서도 충만히 존재해 볼 것을.

4
인싸 할머니를 본받아서

'꼰대'는 '은어로 늙은이, 학생들의 은어로 선생님을 이르는 말'이다. 권위를 행사하는 어른이나 선생님을 비하하는 뜻을 담고 있다. 최근에는 연령대와 상관없이 권위주의적인 사고방식을 가진 사람을 가리킬 때 쓰인다. 또 '역 꼰대'라는 말도 생겼는데 선배나 상사의 정당한 조언이나 지적을 꼰대로 치부하며 소통을 차단하는 사람을 말한다.

예전 TV 예능 프로그램에서 한겨울에 차가운 얼음 강물에 입수하는 게임 벌칙이 있었다. 기쁘게 들어가는 사람은 한 명도 없었다. 들어가지 않기 위해 도망을 가거나 다른 벌칙을 제시하는 등 어떻게든 피하려고 했다. 어쩔 수 없이 입수하게 되면 화들짝 놀란 표정에 보는 사람에게까지 극심한 추위가 전달되었다. 물에 들어갈 때와는 반대로 아주 빠른 속도로 밖으로 뛰쳐나온다. 타인에게 강압적이고, 일방적으로 지시하며, 본인의 생각을 강요하는 꼰대 같은 사람을 반기는 것은 한 겨울 얼음물에 뛰어드는 것만큼이나 어려운 일이다.

타인이 물어보거나 요청하기 전에는 조언이나 참견을 하지 않는 편이고 그러려고 노력한다. 그게 타인에 대한 존중이라고 생각해서이다. 누구도 타인의 삶과 깊은 속 전부를 알 수 없다. '열 길 물속은 알아도 한 길 사람 속은 모른다.'라는 속담도 있지 않던가. 그런 이유로 쉽게 판단하고 말하고 싶지 않다. 정말 조언이 필요할 때는 상대가 요청할 테다.

가벼운 말보다는 삶과 행동으로 보여 주는 게 훨씬 무게감 있게 느껴진다. 땀과 눈물의 실천이 없는 말은 한없이 가벼워 청산유수여도 감동되지 않는다. 요청하지 않은 조언을 길게 하는 사람들이 있다. 상대방을 배려하지 않은 무례함이 느껴진다. 아니면 자신의 지식과 지혜를 자랑하고 싶고 인정욕구가 강한 사람일 가능성도 있다. 사람은 타인의 조언과 충고를 통해서가 아니라 스스로 깨달아야 변하는 게 아닐까?

그러던 어느 날 아주 멋진 할머니를 만났다. 직접 만난 게 아니라서 확실하지 않지만, 책에서 보이는 모습이 맞다면 꼰대와는 거리가 멀어 보였다. 이미 팬층이 두터울 듯한 인싸 할머니다. 이분을 처음 알게 된 건 2년 전쯤이었다. 기사를 보던 중 그림 하나가 눈을 사로잡았다. 겨울은 추운 계절인 게 분명한데 봄처럼 따스한 느낌이 그림 전체에서 뿜어져 나왔다. 넓은 자연 풍경에 많은 사람들이 작게 그려져 있었다. 자연을 좋아하는 나는 순식간에 그림에 빠져 화가를 찾아보았다. 화가는 '애나 메리 로버트슨 모지스'였다. 일명 모지스 할머니라 불리는 분이다. 할머니에 대해 기억 나는 건 70대에 그림을 그리기 시작하셨다는 것 정도였다.

인터넷 서점을 둘러보다 한 책 제목에 시선이 머물렀다. 『인생에서 너무 늦은 때란 없습니다』라는 책이었다. 성실하고 바쁘게 살다 보니 벌써 중년이었다. 슬프고 허무하고 혼란스럽던 와중이었다. '새로운 것을 시작할 수 있을까? 앞으로 무엇을 해야 하고 할 수 있을지? 40대 중반은 늦은 거 아닌가?'라는 생각들이 머릿속을 부유하고 있던 때다. 그런 내게 책 제목은 '아직 늦지 않았다!'라고 단호하게 말해 주는 듯했다. 작가를 보니 모지스 할머니가 아닌가! 그렇게 나는 잊고 있었던 할머니를 운명처럼 다시 만났다.

내가 좋아하는 느낌의 그림을 그리셨던 할머니의 인생 스토리가 궁금해졌다. 어떤 삶을 사셨고, 그림을 시작하게 된 계기와 얻은 깨달음이 무엇인지, 무엇을 이야기하고 싶어서 책을 쓰셨을까…. 궁금증과 기대감에 책을 받자마자 읽기 시작했다. 아껴가며 읽고 싶었지만, 저녁에 시작한 독서가 새벽까지 이어졌다.

그림에서 나오는 따스하고 평온한 느낌 덕에 모지스 할머니가 부유한 가정에서 윤택하게 자라셨을 거로 예상했다. 또는 어려서부터 미술 공부를 하셨거나 가족들이 예술 쪽에 종사했을 거로 생각했다. 여유로운 그림의 느낌만큼이나 여유로운 삶을 사셨을 거라고 이유 없는 확신을 했다. 그런데 할머니의 삶은 예상과 완전히 달랐다. 평온하고 인자할 것이라는 할머니의 성격 또한 상상을 벗어났다. 할머니는 생각보다 훨씬 진취적인 분이었다.

부모님과 함께 초원에서 살던 할머니는 열두 살에 밥벌이를 위해 집과 부모님을 떠나 식모살이를 시작해서 바느질하고 어린아이들을 돌보는 일을 했다. 자녀 열 명 중 다섯의 죽음과 성실하고 좋은 남편의 갑작스러운 사망의 아픔도 겪었다. 부유하고 여유로운 인생이 아니었다. 그러나 할머니는 늘 자신의 힘으로 살고 싶었다고 고백한다. 가만히 앉아 남편이 주는 돈을 타 쓴다는 건 상상조차 할 수 없고 하릴없이 시간을 보내면서 살고 싶지 않았다고 말씀한다. 여자도 투표할 수 있어야 한다고 주장하고 감자칩 사업을 하기도 하며 자녀 양육과 동시에 여러 가지 일들을 하셨다. 노년에 접어들어 그림을 그리기 시작했다. 어느 날 뉴욕에서 온 수집자가 그림을 구매하면서 할머니는 뉴욕시에 초청받아 여러 전시를 하며 인기 있는 화가가 됐다. 할머니는 이야기한다.

"어릴 때부터 늘 그림을 그리고 싶었지만 76살이 되어서야 시작할 수 있었어요. 좋아하는 일을 천천히 하세요."

모지스 할머니가 어린 시절부터 부유하고 풍족한 생활을 하며 정규적인 미술 공부를 했다면, 이 말씀이 그리 큰 감동과 울림으로 다가오지 않았을 것 같다.

한국에도 모지스 할머니와 비슷한 할머니가 있다. SNS에서 '여유재순'이라는 닉네임으로 활동하시는 유재순 할머니다. 유재순 할머니는 어렸을 때부터 기회만 있으면 배우는 것을 좋아하셨다고 한다. 코로나가 시작됐을 때 밥 먹고 자고 또 밥 먹고 자는 게 사는 것 같지 않아서 그림을 그리기 시작했다. 혼자 마트에 가서 아이패드를 사고 유튜브에서 강의를 보며 그리기를 반복했다. 재순 할머니는 86세에 그림을 그리기 시작해서 현재 9만 명이 넘는 팔로워를 보유한 아이패드 드로잉 작가다. EBS 다큐프라임 〈예술의 쓸모 3부 아티스트〉(2021. 08. 11)에서 할머니가 말씀하셨다.

"하고 싶을 때, 포기하면 끝나는데 포기 안 하고 또 출발하고 마음속으로 또 출발하고 하면 이루어지지 않을까 합니다."

여유를 가지고 꼼꼼하게 그림을 완성하는 걸 좋아한다는 모지스 할머니, 60대만 되어도 뛰어다니겠다는 재순 할머니. 40대 중반에 남은 건 없는 것 같고 허무함과 회의감에 빠져 있던 나는 인싸 할머니들 앞에서 어리광 부리는 어린아이처럼 느껴졌다. 어쩌면 "아직 늦지 않았어요. 지금이 제일 좋은 때예요. 이제부터 시작해도 충분해요!"라는 확고한 말을 듣고 싶었던 게 아닐까.

나는 모지스 할머니의 〈겨울 원더랜드〉 그림을 주문했다. 추위를 많이 타서 겨울이 좋은 이유라면 하늘에서 내리는 '눈' 하나뿐인데, 할머니의 겨울 그림을 사계절 내내 보고 있다. 재순 할머니의 팔로워가 되어 그림 게시물에 하트를 누른다. 꼰대도 역 꼰대도 아닌, 말이 아닌 삶으로 가르쳐 주신 아름다운 할머니들처럼 나이 들어 가리라.

"감사해요. 늦지 않았다고, 천천히 가라고 다정하게 말씀해 주셔서. 지금 나이면 가능성이 무궁무진하다는 것을 멋있게 몸소 보여 주셔서요."

나를 사랑하는 길
나를 품어주는 포근한 담요

나를 손님처럼 귀하게 대하기
하루에 한 번 좋아하는 것을 선택하기
내 몸에게 고맙다고 말하기
싫은 건 거절하기
나를 보호하기
불필요한 책임감 내려놓기
존재만으로 충분하다고 믿기

5
너는 그렇게 살지 마

내가 병원에서 퇴원한 지 일주일 후, 둘째가 폐렴에 걸려 같은 병원에 입원했다. 같은 병원에 같은 병실. 이건 무슨 우연인가 싶어서 아이와 나는 그 와중에 웃음이 나왔다. 아이 일생 첫 입원이었다. 입원 경험자로서 아이에게 여러 정보를 알려 주었다. 침대 등받이를 올리고 내리는 법, 링거 거치대를 가지고 화장실을 가는 법, 귀마개와 안대는 필수품이라는 것 등등. 아이는 아프면서도 첫 입원 생활이 신기한 눈치였다. 병원 대부분 환자가 70~80대 어르신이었다. 병원에는 설거지와 양치를 할 수 있는 다용도실이 있었다.

어느 날 그곳에서 아이와 함께 양치하다가 보조기구를 짚고 계신 한 할머니와 눈이 마주쳤다. 할머니는 잠시 아이와 나를 번갈아 보시더니 갑자기 속사포로 말씀을 쏟아 내기 시작하셨다.

"너는 참 좋은 시대에 태어났구나. 사랑 많이 받고 하고 싶은 거 다 할 수 있고. 엄마 아빠가 다 해 주시고… 그치?"

할머니는 딸을 부러운 눈으로 바라보셨다. 이어서 할머니의 독백 같은 말씀이 한참 동안 계속되었다.

"내가 아들이 셋이 있어요. 남편은 나 젊을 때 일찍 돌아가셨어요. 내가 혼자서 이 애들 키운다고 얼마나 고생을 많이 했는지. 그런데 이 아들들은…."

자신의 기구하고 힘든 일생을 털어놓으셨다. 생전 처음 보는 사람에게라도 토해내지 않으면 견딜 수 없다는 듯이. 한과 아픔이 떨리는 큰 목소리에서 느껴졌다. 양치는 마쳤지만, 조용히 들어드렸다. 그것만으로도 위로가 되기를 바라는 마음으로. 한편으론 할머니의 마음을 조금은 알 것 같았다.

"나는 이제부터 나를 위해서 살 거야. 나는 이제부터 꼭! 나를 위해서 살 거야!"

할머니는 마지막 말씀을 힘주어 뱉으셨다. 마치 자기 자신에게 하는 다짐의 독백 같았다. 그리고 후련하신 듯 다용도실을 나섰다. 할머니의 말씀은 '나는 이렇게 후회스럽게 살았지만, 너희는 그렇게 살지 마. 제발!'처럼 다가왔다. '내가 이렇게 늦게 깨달은 지혜를 너희는 미리 알았으면 좋겠어!' 그런데 할머니의 결론 같은 말씀이 꽤 익숙했다. 어디에서 들었더라?

"나는 이제부터 나를 위해서 살 거야. 지금까지 아이들 키우고 일하면서 일만 하고 살았어. 나는 이제 종살이 안 할 거야!"

최근에 스스로에게 다짐처럼 했던 말이었다. 하지만 그렇게 할 수 없는 상황이란 게 있기 마련이다. 그 상황은 나의 바람보다 훨씬 빈번했고 내 의지의 힘과 비교할 수 없이 강했다. 그때마다 가슴이 답답해지고 슬픈 좌절감을 느꼈다.

"엄마가 너네한테 화도 안 내시지?"

가끔 가던 반찬가게 사장님이 어느 날 나와 동행한 아이들에게 말하셨다.

"아이고. 저도 가끔 화내요."

내 대답이 끝나기가 무섭게 사장님이 대꾸했다.

"사람 딱 보면 알죠. 참 착하게 생겼어요. 그때 남편분도 인상 좋으시던데."
"감사합니다. 아이들이 알까요? 알아야 할 텐데요. 하하"
"아유. 아이들도 크면 다 알아요. 감사해하고 효도할 거예요. 얘들아, 너희 크면 엄마한테 꼭 효도하거라. 응?"

내가 아이들에게 하고 싶은 말을 대신 해 주신 것 같아서, 판매하는 물김치 국물을 들이켠 듯 잠시 속이 시원해졌다.

울고 있는 아이를 보면 마음이 아프고 슬펐다. 어떻게든 위로해 주고 싶었다. 나도 어린 십대였을 때 이야기다. 순수하고 천진난만하고 장난스럽고 투명한 아이들을 보고 있으면 미소가 지어진다. 귀엽다. 사랑스럽다. 예상치 못한 말과 행동이 재미있다. 그래서 그렇게 오래도록 아이들과 함께하는 일을 했나 보다. 그러다 출산했으니 그 사랑이 자녀들에게로 향했다. 지금도 아이들이 옆에 와서 재잘거린다. 엄마와 자는 날을 정해서 내 팔베개를 하고 잔다. 가벼웠던 머리가 어느새 많이 무거워졌다. 그랬던 자녀가 귀찮게 느껴지다니! 아니 자녀뿐 아니라 모든 게 귀찮아졌다. 분명 세상에서 가장 사랑했던 존재들과의 시간이었다. 그런데 다른 한편으론 잃어버린 시간처럼 느껴지는 건 왜일까?

경험과 연륜이 쌓인 어른들에게는 지혜가 있다. 병원에서 만난 할머니의 결론적인 말씀이 어떤 책보다도 가슴을 후벼팠다. 자녀들만 위해서 온 인생을 바친 할머니 말씀 속에서 후회스럽지 않은 인생을 살기 위한 방법 하나를 발견했다. 인생에는 자신을 위한 시간과 삶이 있어야 한다는 것이다. 자녀는 어릴수록 부모에게 의존할 수밖에 없어서 부모의 많은 시간과 정성과 에너지가 자녀에게 쓰인다. 열심히 살았지만, 온전히 나로 산 시간이 부족하니 '나'의 인생인데 그 인생에서 '내'가 빠진 것 같은 텅 빈 느낌이 드는 것일 테다.

한 맺힌 목소리로 절절히 말씀하시던 할머니처럼 나는 자녀들에게 무엇을 말해 주고 싶을까? 나보다 젊은이들에게 무슨 말을 해 주면 좋을까? 미래의 나는 현재의 나에게 무슨 말을 하고 싶을지.

"너넨 좋겠다. 나도 나 같은 엄마가 있으면 정말 좋겠다."

자녀들이 부러웠다. 나는 자녀를 행복하게 하는 엄마였지만 나 자신에겐 그다지 좋은 사람이 아니었다는 걸 깨달았다. 자녀들이 행복하길 바라는 마음처럼 스스로에게도 같은 걸 바라야 했다. 자녀들이 자신의 꿈을 훨훨 멋지게 펼치길 바라는 마음으로 나에게도 기대해야 한다.

주체적으로 살지 않으면 종이다. 주인처럼 살자. 아름답고 만족스럽고 행복하게 삶을 가꾸어가자. 엄마는 아이도 키우고 일도 하며 넘치도록 사랑을 부어 본 사람이다. **사랑할 수 있는 역량이 충분하다. 이제 그 힘으로 자신을 사랑해 볼까.** 가장 소중한 것이 귀찮게 느껴지지 않도록 미리 나를 찾아보자.

"너는 그렇게 살지 마!"

자녀들에게 하고 싶은 말을 스스로에게 하자.

"너의 인생을 아름답고 행복하게 가꾸며 살아. 자신도 소중하게 잘 돌봐줘."

6
must가 아닌 like를 따라서

영어 동사 'must'의 뜻은 '(필요성·중요성을 나타내어) …해야 한다, …할 필요가 있다.'이다. 'like'는 '(…을) 좋아하다, 마음에 들어 하다, 즐기다, (…하는[되는] 것을) 선호하다.'라는 뜻이다. 그동안 내 삶은 'must'가 차지했다. 이제부터는 인싸 할머니들 말씀대로 'like'를 찾기로 했으니, must로 꽉 차 있었던 다이어리를 멀리 치워 버렸다. like 목록을 적기 위해 새로운 수첩을 장만하고 예쁜 스티커와 볼펜도 구매했다.

'내가 뭘 좋아했더라?'

곰곰이 생각해 보았다. 가장 먼저 한 풍경이 떠올랐다. 어린 시절 살았던 집 마당의 한쪽에 키가 큰 감나무 한 그루가 있었다. 가을이면 가족들과 함께 빨갛게 익은 감을 긴 장대로 땄다. 나무 아래는 단단한 평상이 자리를 차지했다. 여름방학이 되면 넓적한 감나무 잎으로 그늘이 생긴 평상 위에서 책을 읽었다. 잎 그림자가 평상 위에서 흔들렸다. 잎사귀 틈 햇살은 빛났고 그늘 안에서 살랑거리는 바람은 여름치곤 제법 시원했다.

평상에 누워 초록빛 가득한 나뭇잎을 바라보며 그림을 그렸다.

초등학교 4학년 때 선생님 추천으로 학교 미술부에 들어갔다. 미술부였지만 담임 선생님이 덧칠하는 방법을 알려 주시는 정도로 전문적인 부서는 아니었다. 선생님이 주제를 주시며 그림을 그려 오라고 하시면 그려서 드렸고, 교장 선생님 방에 내가 그린 운동회 그림이 걸려 있기도 했다. 졸업할 때 주실 수 있으시냐고 어머니가 여쭈었는데 거절하셨다고 한다. 지금이라면 핸드폰으로 찍어올 텐데 필름이 귀한 때였다. 신문사에서 트로피와 상장을 받기도 했는데 알고 보니 선생님이 내 그림을 제출하신 거였다.

중학교 1학년 미술 시간에 자기 손을 보며 소묘를 그리는 시간에 책상 사이를 돌아다니시던 미술 선생님이 나에게 어느 학원에 다니냐며 고등학생 수준이라고 하셨다. 학원에 다니거나 전문적으로 배우지 않았는데 곧잘 그렸던 것 같다. 그 후로는 수업 시간 외엔 그림을 그리지 않았다. 공부하느라 바쁘기도, 그림을 업으로 하고 싶은 마음이 크지도 않아서이다. 정적이면서 동시에 활동적인 면이 있어서 몇 시간씩 그림만 그려야 한다는 게 살짝 답답하게 느껴지기도 했다.

어느 날 아이가 집에 있는 아이패드에 캐릭터를 그리며 놀기 시작하는데 결과물이 귀여웠다. 어린 시절이 생각나면서 오랜만에 그림을 그려 볼까? 하던 중, 우연히 그림책 만드는 강좌를 보게 됐다. 한 권의 책이 출간되기까지 작가와 출판사가 각각 맡은 일이 있는데 'POD 자가 출판'은 작가가 그림도 그리고 글도 쓰고 표지와 내지, 가격 설정까지 모든 과정을 혼자 하는 형식이었다. 흥미로워서 바로 등록하고 강좌를 듣기 시작했다.

강사의 설명과 일정에 따라 숙제했다. 제목, 저자 소개, 스토리 구성, 그림 그리기 등등 생각보다 할 게 많았다. 나는 기계를 별로 좋아하지 않는다. 학창 시절에 이과 과목을 의무적으로 했지, 원소 기호들을 알아야 하는 이유를 도무지 찾지 못했었다. 컴퓨터를 다른 장소로 옮기려면 선을 연결하는 곳이 헷갈려서 사진을 찍은 후 보면서 해야 하는 사람이다. 그런데 이건 그림 그리는 것까지 기계를 사용해야 했다. 아이패드에 앱을 깔았다. 아이패드 화면에 그리는 것은 종이와는 완전히 다른 느낌이었다. 펜 굵기, 펜 종류, 지우기, 대칭 잡기, 색칠하기, 레이어 등을 알아가는 것도 생경했다.

'인디자인' 프로그램을 설치했다. 기억력 좋다고 자부했었는데 예전 이야기인 건지. 여러 번 되풀이해도 사용법이 외워지지 않았다. 속도가 더디게 느껴졌다. 이해가 되지 않는 부분은 강사에게 따로 질문했다. 수강생은 전문 일러스트레이터와 디자이너 출신이 많았다. 그렇게 나는 질문을 가장 많이 하고 강사를 귀찮게 하는 수강생이 되었다.

뭔가를 시작하면 끝을 보고 싶은 성격에 하루 5시간 이상씩 아이패드에 눈을 고정했다. 물론 그 성격 덕에 끝이 없는 집안일과 육아와 직장 일을 끝내려고 계속했으니. 끝이 없다는 걸 알면서도 끝내려 들었던 어리석고(?) 열심이었던 지난날들이 스쳐 지나갔다. 눈이 건조하고 눈꺼풀이 무거워졌다. 낯선 작업에 힘이 들어간 손도 아팠다. 하지만 새로운 무언가를 처음 배우고 시도한다는 건 활력소가 되었다.
　강사가 10월 안에 출간하는 것을 목표로 하자고 했다. 나는 내 생일이 있는 9월 안에 출간하겠다고 스스로 다짐했다. 그동안 고생한 나에게 셀프 선물로 주고 싶은 마음이었다. 결국 난 수강생 30여 명 중에서 9월에 출간한 다섯 명 안에 들었다. 내지, 표지, 판권, 출판사 로고 등을 작업완료하고 등록하면 "출간은 산고의 고통과 같아요. 축하드립니다!"라는 문구가 나온다. 나와 수강생들은 동감했다. 한 권의 그림책이 세상에 나오는 게 이렇게 지난하고 긴 과정이라니. 출판사, 디자이너, 편집자분들이 존경스러웠다. 전문 디자이너의 그림과는 비교할 수 없지만 처음으로 배워서 이 정도면 뭐. 여러 번 포기하고 싶었던 순간에도 마지막까지 끝냈다는 사실에 어깨가 으쓱해졌다.

"작가님 질문 많이 해 주셔도 열심히 하시는 게 온라인 건너까지 느껴지시더라고요. 그래서 소식이 더더욱 반갑네요. 출간 너무너무 축하드리고 고생 많으셨어요!"
"저도 혼자서 수정하다 토 나올 뻔했는데 책 넘기고 나니 나오는 팝업 멘트가 그 맘을 알아주더라고요."
"세 아이의 엄마라고 하시던데… 존경합니다."
"책이 뭉클하고 따뜻할 것 같아요. 제목이 벌써 감동적이에요."

　강사와 수강생 동기들의 축하가 이어졌다. 동병상련이 이런 거지. 이제 주문만 하면 된다고 가족들에게 알렸다. 이렇게 말하는 날을 얼마나 기다렸던지.

"엄마, 친구들에게 자랑해도 돼요? 엄마 그림책 작가라고!"

활발하고 친구 많은 막내가 나보다 더 들뜬 것 같다.

"엄마 책 서점에서 팔아요? 인터넷에서도 팔죠?"
"아, 엄마 책은 한 곳에서만 팔아. 서점에는 없어. 자가 출판이라서 인터넷에서만 주문 가능하고 인터넷에서도 한 곳에서만 돼. 그리고 배송이 좀 오래 걸려."

친구들에게 자랑하려고 잔뜩 신난 아이 얼굴에 실망한 빛이 빠르게 스쳐 지나가는 것을 보고 말았다.

"엄마 책도 서점에서 팔면 좋을 텐데. 왜 안 팔지?"

출간했는데 서점에 없다는 게 아이는 이해가 안 되는 눈치였다. 아이의 표정을 보니 자극이 되었다. 내가 좋아했던 두 번째를 찾아보았다. 그건 글쓰기였다. 말보다는 글로 표현하는 게 편하고 일기를 쓴 지는 오래 되었다. 졸업을 앞두고 열린 교수님 사은회 때 '교수님께 드리는 글'을 나에게 쓰라고 동기가 말했다. 썼고 방송반 친구가 낭랑하게 낭독했다. 총 네 분 교수님의 특징과 함께 한 추억들을 웃음과 감동을 섞어서 썼다. 너무 진지한 것도 너무 가볍기만 한 것도 좋아하지 않는 난 그 둘 사이를 왔다 갔다 했다. 사은회가 끝난 후 동기들이 말했다.

"네 글은 웃음과 감동이 같이 있어. 웃다가 울었다가 또 웃다가 울다가 끝났어."

글을 저장한 USB의 행방은 알 수 없지만 당시 교수님과 동기들의 표정은 여전히 선명하다.

'그래, 내가 좋아하는 두 번째 목표는 "책 출간하기"로 하겠어! 서점에서 직접 살 수 있도록. 나누고 싶은 이야기가 있어.'

해야 하는 거 외에 좋아하는 것을 찾아서 하다 보니 하루가 재미있어졌다. 패션 디자이너이자 장명숙(유튜브 닉네임: 밀라논나)씨는 "삶을 축제처럼 살았으면 좋겠다."라고 했는데 내게 인생은 해야 하는 것 중심으로 돌아가기에 잘 살아 내야 하는 숙제 같은 느낌이었다. 나는 타인에게 웃음과 감동을 주는 걸 좋아했지만 정작 내 인생은 무겁고 진중했다. 나는 기존 삶의 틀에 조금씩 작은 금을 냈다. 좋아하는 것을 살짝씩 했다. 얼굴에 생기가 돌기 시작했다. 내일이 오는 게 기대됐다. must가 아닌 like를 찾아보자. 찾기 어렵다면 잠시 어린 시절로 돌아가 볼까. 순수하고 맑았던 그때를 회상해 보면 조금 더 선명하게 보일 거라고, 여름날 감나무 그늘 같은 시원한 상상을 해 본다.

당신의 마음에 빛이 비치기를

7
뜻밖의 선물 같은 천사들

꽃은 꽃과 만나
예쁜 꽃밭을 이룬다

정연복 시인의 「만남」이라는 시에 나오는 구절이다.

퇴사했다는 소식에 한 선배가 연락했다. 얼굴과 이름을 알고 인사만 했던 선배다. 대뜸 만나자고 했다. 난 SNS를 거의 하지 않았다. 몇 년 만에 올린 글이 퇴사한 날에 대한 기록이었다. 그날의 상황과 감정들을 기억하고 싶었다. 선배는 그걸 보고 위로가 필요하다는 생각이 들었다고 했다. 잔잔한 바다를 앞에 두고 맛있는 음식을 먹고 차를 마시며 우리는 처음으로 대화한 날 날 시간 가는 줄 몰랐다. 선배는 나보다 1년 전에 나와 비슷한 경험을 했다고 말했다. 선배가 하는 한마디 한마디가 내 속에 들어갔다 나온 것처럼 비슷했다. 내 마음과 머리에 있는 생각과 감정을 마주 앉아 있는 상대방의 입술로 듣는 놀라운 시간이었다. 다음 약속을 기약하며 선배가 말했다.

"잘 쉬고 푹 쉬어. 1년 동안 푹 쉬고 나면 다시 뭔가 하고 싶다는 생각이 들 거야."

"모르겠어요. 지금 같아서는 1년이 지나도 아무것도 하고 싶지 않을 것 같아요. 가능하다면 오래오래 쉬고 싶어요."

회의적으로 단호하게 말하는 내게 선배는 미래를 안다는 듯 따스한 미소를 지으며 말했다.

"그래. 일단 잘 쉬어. 푹 잘 쉬고 또 보자."

건강한 가정에 관심이 많은 나는 동기의 추천으로 결혼예비학교·부부학교·아버지 학교 등을 진행하신 부부 교수님의 강의를 듣기 시작했다. 신학·상담학·유아교육·가족학 등을 전공한 부부 교수님이 가정에 대한 이론과 가정 회복 및 성장을 위한 실천적인 적용 방법을 가르치셨다. 강의 후에는 여섯 명 이하로 구성된 소그룹에서 수업 내용에 관한 소감이나 느낀 점과 다짐 등을 나누었다. 강의는 두말할 것 없이 유익했고 소그룹에서 나누는 시간이 의외로 좋았다. 조장은 나보다 열 살 정도 많은 연륜과 따뜻함이 있는 선배 수강생이었다.

지칠 대로 지쳐 있었던 나는 열정 없이 이야기를 나누었다. 리더가 아니어서 조원들을 신경 쓰며 일부러 힘을 내지 않아도 되니 마음이 가벼웠다. 솔직한 나눔을 주고받던 이 시간은 차츰 배움의 시간이 되었다. 회차가 길어지면서 조장님이 어느 날 내게 말씀하셨다.

"제 남편과 정말 비슷하신 것 같아요. 남편이 되게 꼼꼼한 성격이거든요. 일 처리를 완벽하게 하려고 의자에 앉아 있는 시간이 길어요. 그래서 저번 주부터 허리도 안 좋고 눈도 안 좋아요. 지금 쉬고 있다고 했는데 쉬는 거 참 잘하신 거 같아요."

나와 비슷한 분이 있다니 반가웠다. 조장님은 한 마디를 덧붙이셨다.

"너무 애쓰며 살지 마요. 이 얘기를 꼭 해 드리고 싶었어요."

한번은 교수님이 수업 중에 모든 수강생을 향해 말씀하셨다.

"할 수 있는 만큼만 하세요. 할 수 있는 만큼만."

아이의 학교 선생님을 만나게 되었다.

"아이가 정말 예의가 발라요. 요즘 아이들이 안 그런 친구가 많은데 인사도 참 잘하고요. 아이가 와서 반 분위기가 많이 밝아지고 좋아진 것 같아요. 좋은 영향력을 끼쳐주는 아이를 보내 주셔서 참 감사합니다."

잠깐의 대화 후 말씀을 덧붙이셨다.

"어머니, 정말 대단하세요. 저는 아이가 한 명인데도 너무 힘든데 어떻게 키우셔요. 아이가 예의 바르고 예쁘고. 어머니는 일도 하셨고 아이들 케어와 지원에 라이딩까지 정말 수고 많으세요. 어머님을 뵈니 아이가 왜 그런지 알 것 같아요. 바쁘고 여러 가지로 힘드실 텐데 참 잘 키우신 것 같아요. 제가 어머님께 많이 배워야 할 것 같아요."

아브라함이 천사를 만났을 때 이런 기분이었을까. 아브라함에게 아들을 주시겠다는 신의 약속이 이루어지지 않은 지 벌써 몇십 년이 훌쩍 지났다. 그러던 어느 날 천사들과 함께 오셔서 내년에 아들이 있을 거라고 확신의 말씀을 주신 성경 속 장면이 연상됐다. 마무리 인사처럼 하신 선생님 말씀에 왈칵 눈물이 나려는 걸 참았다. 선생님과 헤어진 후 한참을 꺽꺽대며 울었다. 완벽하지 않고 완전할 수도 없지만 애쓰고 노력했던 삶에 대한 신의 응답 같았다. 선생님 말씀이 '너 잘 살았다. 수고했다.'라는 신의 음성처럼 울려 퍼졌다.

신은 내가 괴로움 속에 허우적대는 순간에 마치 선물 같은 천사들을 보내 주셨다. 매번 리더 역할을 하느라 위로하고 격려하고 들어주는 일이 전부였던 나에게 위로자들을 보여 주셨다. 그 천사들은 갈기갈기 찢기고 상한 마음에 따스하고 부드러운 연고를 발라 주었다. 사람의 위로는 별 소용이 없다, 인간이 지긋지긋하다는 내게 사람의 위로도 필요하다는 것을 알려 주고 싶으셨을까.

"정말 고생 많았다. 애썼고 잘 살았다. 열심히 살아줘서 고맙다."

난 확고하면서 동시에 따뜻한 인정과 진심의 위로가 그리웠나 보다. 선생님이 머문 시간은 30분 남짓이었지만 위로는 30시간에 버금갔다. 그 자리가 내내 따스하게 남아 있었다. 넷플릭스 〈폭싹 속았수다〉에서 주인공 부부를 몰래 도와주던 이웃집 츤데레 할머니가 이런 말씀을 한다. "사름 혼자 못 산다이. 고찌 글라, 고찌 가. 고찌 글민 백 리 길도 십 리 된다. (사람 혼자 못 산다. 같이 가라. 같이 가. 같이 가면 백 리 길도 십 리 된다.)"

내가 만난 천사들은 자신이 그런 존재였다는 사실을 모르겠지만, 나도 그들처럼 누군가에게 그런 사람이기를. 천사와 천사들이 만나 향기로운 아름다움이 퍼지는 세상을 다시 꿈꿔볼까 싶다. 칼 융의 말처럼 만남에서 일어나는 화학 반응 같은, 강력한 긍정적인 반응을 아주 조금 기대해 볼까?

8
더 넓은 세상으로 내딛는 발걸음

『더 마인드』의 저자는 "당신의 주변 사람들이 바로 당신의 세계다."
라며 지금과 다른 세상을 만들고 싶으면 주변 사람부터 바꿔야 한다고
말한다.

내향형인 사람은 외부적인 것들이 모두 자극으로 다가오기 때문에 에
너지가 빨리 소진된다. 내가 많은 친구와 지인을 원하지 않는 이유이기
도 하다. 가치관이 비슷하고 생각과 대화가 잘 통하는 소수 몇 명과 깊이
교제하는 것만으로도 충분했다. 그래서 사람들을 적극적으로 만나지 않
았다. 육아와 집안일, 직장 일만 잘 해내기에도 시간이 아쉬웠고 혼자만
의 시간은 이루어지지 않은 소원처럼 항상 간절했다. 이런 상태에서 만
남에까지 에너지를 쓴다면 며칠 동안 일어나지 못할 수도 있다. 어린아
이에게서도 배우는 마음은 가지고 있지만, 성숙하고 아름다운 성인을 만
나고 싶다는 새로운 바람이 생기기 시작했다. 에너지를 빼앗기지만 하지
않고 긍정적인 영향을 주고받을 수 있는 만남 말이다.

당장 할 수 있는 방법으로 SNS를 생각했다. 유일하게 하는 SNS에는 몇 년에 한두 번 글을 쓰거나 그마저도 하지 않았다. 주로 나만 보는 일기장에 글을 끄적였고 사진과 영상은 핸드폰 사진첩에 가득 묶여 있었다. 과시를 즐기는 사람들이 하는 거로 생각해서 SNS에 대해 부정적이었던 터다. 어느 날 인친(인스타그램 친구)의 말을 듣고 생각이 바뀌었다. 나와 비슷한 생각을 했던 인친은 글만 올리기 시작했고 지금은 아주 활발하게 활동하며 긍정적인 영향을 끼치고 있다.

나도 인스타그램을 하기 시작했다. 사진첩에 가득했던 아름다운 풍경 사진과 영상에 명언·책 내용과 생각을 올렸다. 풍경과 글을 공유하고 그게 적립하듯 늘어나는 재미가 있었다.

"색감이 예뻐요. 뭔가 평온해지는."
"따스한 위로와 격려를 해 주는 글이 많네요. 글도 이름 따라가네요. 기억에 오래 남을 좋은 이름이에요."

한 따뜻한 SNS 친구가 SNS가 아니었으면 만나지 못했을 좋은 사람들을 많이 만났다고 말했다. 좋은 사람들을 만나는 것. 내가 원하는 거였다. 미리 경험했다니 기대가 됐다.

나는 그림책도 좋아한다. 다양한 그림체와 짧은 글이 주는 효과가 매력적이다. 그림책의 장점은 책의 그것과 비교해도 손색이 없다. 그림책 자가 출판을 해 보니 전문성이 필요해 보였다. 제대로 배우려면 많은 시간이 소요될 것이다. 시중에 좋은 그림책들이 계속 출간되니 굳이 내가 직접 만들지 않아도 되겠다. SNS에서 그림책과 심리를 접목하여 활동하시는 교수님을 알게 됐다. 그림책 과정을 바로 신청했다. 다양한 동기와 배경을 가진 선생님들을 만났다. 주제를 정하고 주제에 맞는 그림책들을 찾고 주제에 적합한 활동들을 고민하고 정했다.

「한국직업사전」에 따르면 우리나라 직업 수는 12,823개, 직업명은 16,891개(2019. 12. 31. 기준)'라고 한다. 우리가 살면서 몇 개의 직업을 경험해 볼 수 있을까? 아무리 많아도 열 가지가 넘지 않을 것이다. 대부분은 한두 가지 직업에 오래도록 종사한다. 퇴사하면서 최소 1년은 쉬겠다고 계획했다. 지난 시간에 비하면 그것도 짧다고 느꼈다. 그 정도의 보상은 해 주고 싶었다. 그래야 성난 마음이 조금은 진정될 것 같았으니까. 아직도 직업으로 돌아가고 싶은 마음이 생기지 않았다. 그동안 머리 쓰는 일을 했으니 단순하게 몸 쓰는 일을 해 봐야겠다.

베이커리 카페에서 아르바이트생을 구인하고 있었다. 오픈 전에 빵을 만들어 두어야 해서 아침 일찍부터 하는 일이었다. 빵을 만드는 과정이 궁금한 게 지원 동기였다. 요리에 별 관심이 없어서 집에서 빵을 만들어 본 적이 없었다. 깨끗한 흰 모자를 쓰고 여유 있게 움직일 거란 예상은 산산조각났다. 화장실 가는 것을 제외하고 한 번도 앉지 못하고 일했다. 제빵사가 빵 만드는 걸 코앞에서 지켜본 건 처음이라 신기했다. 일주일이 지나 30여 개 빵 이름을 거의 다 외웠다. 포스기를 배웠다. 사장님은 성실한 알바생을 마음에 들어 했다. 집에 돌아와 양말을 벗으면 발과 다리가 퉁퉁 부어서 양말 자국이 선명하게 나 있었다. 집에 오면 그대로 쓰러져서 집안일도 아이들도 전혀 신경 쓸 수가 없었다.

"몸 쓰는 일을 안 해 보셨는데 할 수 있으시겠어요?"

면접 때 호기롭게 대답했는데 역시 뭐든 직접 경험해 봐야 한다. 이러다간 병원비가 더 나올 태세다. 그 분야에 비전이 있었다면 힘들어도 참았을 테지만 그렇지 않았기에 지나가는 하루가 아까웠다. 그렇게 아르바이트는 끝났다. 짧은 시간이었지만 많은 걸 배웠다. 무엇보다 내가 진정으로 원하는 일, 시간과 세월과 최선을 써도 아깝지 않고 즐거운 것이 한층 또렷해졌다.

본업이 지루해지고 싫어질 땐 새로운 걸 시도해 보자. 본업과는 완전히 다른 일을 해 보는 것도 도움이 된다. 달리는 기차 안에 있으면 속도가 느껴지지 않듯이 계속 똑같은 자리에 있으면 무덤덤하고 무감각해질 수 있다. 무엇을 하고 싶은지 모르겠으면 다양한 일을 직접 경험하는 것도 효과적인 방법이다. 상상과 체험은 완전히 다를 수 있으므로 더 넓은 세상으로 나가보는 거다. 다양한 사람들과 일을 만나 보면 진정으로 원하는 일이 조금 더 선명하게 보이기 시작할 것이니. 완전히 꺼져 재가 되어 버렸던 열정이 마음 깊은 한 구석에서 미세한 점으로 희미하게 보이기 시작했다.

부록 4 추천 음악과 도서 3선

✳ **음악**

〈아버지의 응원가〉, 시와 그림

"쉽지 않은 걸 알아. 걸어왔던 길들이.
그래, 오늘도 넌 최선을 다했어.
이 시간들이 쌓여 다리가 되는 거야."

아버지가 자녀에게 하는 따뜻하고 진실한 응원의 메시지예요.
가장 많이 들었던 곡이에요.
힘든 마음을 다 안다고 위로해 주고 결국 너는 넉넉히 이길 거라며
용기를 주는 이 곡을 들으면서 많이 울었고 힘을 얻었어요.
가사가 큰 위로가 되니 곡 전체를 들어보시기를 강력하게 추천해요.
엄마인 제가 자녀들에게 하고 싶은 말이기도 하고요.
부모인 저희가 무너졌을 때 다시 일어나야 자녀들도 힘들 때 그럴 수 있겠지요?

〈외딴섬 로맨틱〉, 잔나비

"어느 외딴섬 로맨틱을 우리 꿈꾸다 떠내려왔나.
때마침 노을빛이 아름답더니 캄캄한 밤이 오더군.
이대로 이대로 더 길 잃어도 난 좋아…
기꺼이 함께 가주지."

우연히 듣게 되었는데
시적인 가사와 제가 가장 좋아하는 계절인 여름에 어울리는
몽환적인 분위기에 바로 푹 빠졌어요.
외딴섬에 있는 듯한 번아웃, 그리고 외딴섬에 있고 싶은 번아웃.
이유도 모른 채 떠내려왔는데 생각보다 더 캄캄하고 어둡더군요.
그런데 더 길 잃어도 좋고 함께 가준다는 가사가
지금 혼란스럽고 미래를 알 수 없어도 괜찮다며 토닥거려 주는 느낌이었어요.
길을 잃어도 오히려 아름답고 즐거울 수 있겠다는
낭만적인 꿈을 꾸게 해 준 고마운 노래예요.

〈질풍가도〉, 유정석

"한 번 더 나에게 질풍 같은 용기를.
거친 파도에도 굴하지 않게.
드넓은 대지에 다시 새길 희망을
안고 달려갈 거야. 너에게."

이 곡은 말해 뭐해요.
막내 아이가 학교 발표회에서 이 곡으로 치어리딩을 했어요.
듣기만 해도 힘이 솟는 멋진 가사와 멜로디죠.
아이들의 힘찬 모습을 보며 저도 다짐했어요.
우리도 아이들의 영웅이잖아요. 우리에겐 나아가야 할 목표와 희망이 있으니까요.

* 도서

『내가 뭘 했다고 번아웃일까요』, 안주연

작고 아담한 크기인데 알찬 책이에요. 번아웃 자가 진단표가 수록되어 있어 간단한 검사를 할 수 있고, 번아웃의 이유와 대처법까지 친절하고 따뜻하게 안내해 주어요. 번아웃에 대해 간략하지만 잘 정리할 수 있어요.

『무기력이 무기력해지도록』, 한창수

피로, 번아웃, 우울증을 간단하게 자가 검사할 수 있는 도구가 들어 있어요. 저명한 학자이자 의사인 저자가 전문적이면서도 쉽고 친절하게 구체적으로 해야 할 지침까지 알려 주어요.

『번아웃의 종말』, 조나단 말레식

번아웃이 개인의 문제가 아니라 문화적인 거라고 말해요. 과학, 문학, 철학 등의 다양한 렌즈를 통해 삶에서 필요한 지혜가 무엇인지 이야기해 주어요. 번아웃에 대해 더 넓은 시각을 가질 수 있어요.

5장

친애하는 안식년에게

안식년은 도피와 회피가 아닌
무엇보다 강한 응원이자 가치 있는 선택이었고,
나를 다시 살리는 성스러운 의식이자
빛나는 귀환의 출발이었다.

1
아픔은 새로운 성장이 시작되는 순간

　가족과 극장에 갔다. 아이들과 함께 볼만한 영화는 〈트랜스포머 One〉이었다. 로봇에 큰 관심이 없어서 기대하지 않았는데 곧 아이들만큼이나 영화에 빠져들었다. 영웅이 등장하는 영화에는 항상 위기의 사건이 발생한다. 주인공과 절친 로봇은 마음이 잘 맞는 친구이다. 어느 날 현재 리더십에 의심을 품은 로봇들이 진정한 리더십을 찾아 모험을 떠난다. 그러던 중 믿고 존경했던 리더가 가짜고 악이라는 진실을 알게 된 그들은 혁명을 일으킨다. 절친은 배신감에 치를 떨며 분노의 화신이 되어 폭력을 행사한다. 기존 리더보다 더 강압적이고 무자비한 폭군이 되어 폭주한다. 주인공은 희생과 평화정신으로 차기 리더로 멋지게 거듭난다. 결국 폭군이 된 절친이었던 로봇이 추방당하며 영화는 끝이 났다.

　영화를 본 후에는 관람평을 나눈다. 엄마 먼저 말하라는 아이의 말에 이 장면과 대사와 색감에서 무엇을 느꼈고, 어떻게 살아야 하는지, 삶에서 중요한 게 무엇인지 열변을 토했다. 주인공 절친의 선택이 내내 안타까웠다. 한참 듣던 아이가 한마디를 했다.

"엄마는 참 많은 생각을 하셨네요. 나는 '와, 진짜 재밌다!'라는 생각밖에 안 했는데."

가장 기억에 남는 대사는 진짜 리더인 로봇이 주인공과 친구들에게 한 말이었다.

"너희에게 능력을 주었다. 그 능력을 어떻게 쓸지는 이제 너희에게 달렸다."

아이가 초등학교 졸업을 했다. 학사모와 졸업가운을 입은 졸업생들의 뒷모습을 보며 가족석에 앉았다. 환하게 웃던 밝은 얼굴, 산책할 때 마주 잡던 작은 손, 오물오물 간식을 먹던 앙증맞은 입. 이제는 나보다 키가 더 큰 아이가 아장아장 걷던 아기 때와 똑같아 보이니 내가 쓰고 있는 안경은 타임머신 안경인가 보다.

초등학생 시절을 지나면 점점 더 바빠질 거다. 공부 시간이 늘어나 더 피곤해지겠지. 엄마, 아빠보다 친구들과 이야기하는 게 더 신나고 재미있어질 거고. 정든 친구들과 헤어지는 건 아쉽고, 새로운 중학교 생활은 기대와 함께 긴장되고 걱정될 것이다. 교장 선생님이 나오셔서 졸업생에게 들려주고 싶으시다며 시를 낭독하셨다.

저게 저절로 붉어질 리는 없다
저 안에 태풍 몇 개

저 안에 천둥 몇 개

장석주 시인의 「대추 한 알」이라는 시다. 새로운 시작을 하는 아이들에게 적절하다. 아이들의 뒷모습만 보고 있자니 그들이 감동했는지 알 길이 없다. 졸업생도 아닌 내 눈시울이 붉어졌다. 자녀의 인생이 순탄하고 행복하길 바라는 게 부모 마음이다. 살아가면서 아픔과 고통이 없다면 얼마나 좋을까. 편하고 행복할 텐데 인생은 그런 게 아니다. 희로애락의 골짜기와 산봉우리가 끝없이 이어진다.

이유를 알 수 없는 아픔이 갑자기 찾아올 때가 있다. 원인과 결과가 맞지 않을 때도 있다. 좋은 의도와는 180° 다른 결과가 눈앞에 펼쳐지기도 한다. 굳이 현재에서 더 단단해지고 싶은 바람이 없는데 신께는 다른 계획이 있으신가 보다. 기대와 완전히 다른 방향으로 강하게 미신다는 느낌이 들 때가 있다. 그러면 어쩔 수 있나. 신보다 약하니 이리저리 밀릴 수밖에.

2024년 10월 10일, 대한민국이 떠들썩했다. 한강 작가가 노벨문학상을 수상한 것이다. 그 중 『소년이 온다』는 5·18 민주화 운동에 관한 내용이다. 그녀는 KBS 뉴스(2021. 10. 31) 인터뷰에서 "『소년이 온다』는 '압도적인 고통으로 쓴 작품'"이라고 말했다. 이 소설을 쓰는 동안 거의 매일 울었고 세 줄 쓰고 1시간 울기도 했단다. 생존자들에게 죽지 말라는 메시지를 꼭 전하고 싶었다고 한다. 소설 속 '동호'라는 인물의 실제 어머니는 한강 작가의 노벨문학상 수상 소식에 반갑고 기쁘면서도 고마운 마음이 들어 눈물을 흘렸다고 인터뷰했다. 한강 작가의 작품으로 전 세계에 5 · 18의 진상이 알려지게 돼 감사하다는 의미였다.

아픈 것은 아픈 것이다. 아픔이 아프지 않을 수는 없다. 아프지 않은 아픔을 우리는 아픔이라고 부르지 않는다. 아프니까 '아픔'이라고 명시한다. 트랜스포머 영화 속 로봇처럼 아름답지 않은 진실을 마주하는 것은 괴롭다. 사랑하고 신뢰했던 사람에게 배신당하는 것은 아프다. 내 계획대로 되지 않는 것은 답답하고 지금까지 믿고 지켜왔던 가치관과 신념이 깨지는 경험은 쓰라리다 못해 고통스럽기까지 하다.

그 속에서 우리가 할 수 있는 것은 '반응'이다. 아픔 속에서 완전히 쓰러져 계속 주저앉아 있느냐, 그 안에서 몸부림치며 다시 일어나느냐의 기로에서 하는 선택 말이다. 위기를 잘 극복하면 멋진 영웅이 되고, 위기 때문에 엇나가면 악당으로 변모하는 건 한순간이다. 반면교사로 삼아 더 지혜롭고 포용적인 쪽으로 성장할 것인지, 더 심한 폭군이 될지의 차이만 있을 뿐이다. 조개는 자신에게 들어온 이물질에 아파하면서도 토해내지 않는다. 감싸안고 몸부림친다. 그 과정을 지나 아름답고 영롱하게 빛나는 진주를 기어코 만들어 내고 만다. 한강 작가가 아픔과 고통을 안고 써 내려간 작품이 많은 사람들의 눈에서 흐르는 애통을 감사로 바꾸어 주었다.

김붕년 교수가 사춘기 자녀 양육자와 10대를 위한 조언과 위로의 내용을 담은 『천 번을 흔들리며 아이는 어른이 됩니다』라는 책이 있다. 나는 아직도 천 번을 채우지 못한 걸까. 내 삶에도 여러 우여곡절이 있었는데 아직도 충분하지 않은 건가. 아주 세차게 흔들리는 중이다. 오랜 시간 쌓아온 가치관과 신념이 쉽게 바뀌지는 않는다. 그런데 지각변동처럼 괴로움이 존재 전체를 뒤흔들 때가 있다. 감당하기 힘들 정도로 고통이 클 때, 가치관과 신념 전체가 휘청거릴 때, 그때가 또 다른 차원의 성장이 시작되는 순간이라고 생각한다. 그 정도의 괴로움이 아니면 웬만해선 변하지 않는 게 인간이기도 하니까. 아이들이 성장통 후 부쩍 자라는 것처럼 아픔은 성장이 시작되었다는 신호이다.

아이뿐만 아니라 어른도 대추 한 알처럼 붉게 익어가는 중이다. 각자의 나이와 인생길에서 모두가 그렇다. 평탄한 길에 갑자기 바위와 높은 산과 벼랑이 나타났을 때 우리는 생각하게 된다. 태풍과 천둥이 에워싸고, 벼락과 번개가 번쩍번쩍 내리칠 때, 지금까지 해왔던 익숙한 방법과는 다른 방법들을 찾게 된다. 그러면서 우리는 더 강해지고 넓어지고 지혜롭고 결국 더 멋있어질 거다. 그 길을 먼저 걸어간 다른 이들을 깊이 공감할 수 있고, 뒤에 올 또 다른 이들도 생각하게 된다.

계속 쓰러져 있을 수도 뒤로 돌아갈 수도 없으니 다만 내 아픔과 그로 인한 성장이 나 자신과 타인에게 위로와 힘이 되길 바라며 계속 걸어갈 뿐이다. 아픔 속에서 진주 같은 무언가를 발견한다면 아픔은 더 이상 '아픔'이 아닌 반짝이는 '의미'가 되리라. 아픔을 통과하며 완전한 무너짐이 아니라 잠시 무너졌다가도 다시 일어나고, 한층 더 아름다운 모습으로 거듭나는 우리이기를.

2
인생에서 쉽은 필수과목

"너 다음 주에 시간 어때? 너 보러 가려고."

친구에게서 전화가 왔다. 밝고 따뜻한 오랜 절친이다.

"응. 언제든지 웰컴이지. 근데 무슨 일 있어?"

친구의 밝던 목소리가 조금 무겁게 느껴졌다.

"아니 그냥. 너도 보고 싶고 좀 쉬고 싶기도 하고. 나 폭발했거든."

대충 들어도 알 법하다. 엄마라면 누구나 마주해봤을 상황과 감정들. 여러 번 느껴본 거니까.

사는 곳이 멀고 자녀들을 키우느라 바빠 줄곧 통화만 했었다. 날을 정해 만나는 건 정말 오랜만이다. 먹고 싶은 음식을 물어보고 맞이할 준비를 했다. 약속 날, 날씨가 내 기분만큼이나 화창했다. 기차역으로 가 문자를 하고 기다렸다. 사람들이 나오기 시작하고 곧 익숙한 실루엣이 보였다. 나오는 모습을 동영상으로 찍자, 친구가 웃음을 터트렸다.

"잘 왔어. 배고프지? 밥 먹으러 가자!"

종종걸음으로 주차장으로 향했다. 친구는 내가 미리 나와 있어서 깜짝 놀랐다고 했다. 학교 다닐 땐 내가 되게 여유로웠다며 동그란 눈으로 나를 바라봤다. 하하. 그랬나? 기억을 더듬어 보지만 너무 먼 이야기이다. 내 발걸음이 빠르다는 걸 인지하고 천천히 친구와 보폭을 맞췄다.

"나 완전히 달라졌어. 내가 얼마나 계획적이고 시간을 촘촘하게 쓰는데."

친구 덕분에 잠시 대학생 시절로 갔다 왔다. 오랜만에 만났는데 그동안 통화를 해서인지 절친이어서인지 어제 만나고 헤어진 것 같다. 달라진 건 우리 얼굴에 늘어난 주름과 조금씩 보이는 흰머리뿐. 친구가 가고 싶다던 식당에 들어갔다. 자리에 앉는 순간, 기다렸다는 듯이 친구가 이야기보따리를 펼쳤다.

친구는 계획형에 성실하고 부지런한 성격이다. 대학생 때 학교 앞에서 자취한 친구 집에 종종 갔었다. 친구는 요리도, 집 정리도 잘했다. 나는 특히 친구의 김치찌개와 정갈한 집에 감탄했었다. 그 성격 그대로 연년생인 남매를 열심히 키우고 있었다. 아이들 학습 시간표를 짜고 피아노를 직접 가르쳤다. 요즘 초등학생이 된 아들이 말을 안 듣고 버릇이 없어진 것 같다고 했다. 자신은 아이들이나 남편에게 최선을 다하고 열심히 하는데 가족들이 그렇게 고마워하는 것 같지도 않고 별로 보람이 느껴지지 않는다고 했다. 열심히 사는 게 부질없이 느껴지고, 그래서 우울해지고 화가 폭발했단다.

"어휴. 고생했어. 그 맘 다 알지. 오늘 하루로 될지 모르겠지만 그래도 다 털어 보자. 다 털고 가."

우리는 그동안 쌓인 이야기들을 쉴 새 없이 나누었다. 어느새 차려진 맛있는 음식들을 먹으며 침을 튀기며 흥분했다. 학생 때처럼 깔깔거리며 배꼽을 잡기도 했다. 배부르게 든든히 먹은 후 카페에 갔다. 한적한 곳과 도시 같은 곳 중 선택권을 친구에게 주었다. 친구는 한적한 곳을 골랐다. 그럴 줄 알았다. 쉬고 싶을 땐 한적한 곳이지. 나만의 아지트 같은 카페로 인도했다. 조용하고 확 트인 바다를 보고 친구는 탄성을 내질렀다. 친구의 기분이 나에게도 그대로 전달돼 몸이 둥실 가벼워졌다.

똑같은 음료수를 주문했다. 파란색 색감이 환상적인 음료에 작은 파라솔 이쑤시개가 꽂혀 있었다. 그것만으로도 외국 휴양지에 온 듯했다. 우리는 탁월한 선택이었다며 서로를 칭찬했다. 수다를 떨다가 멍하니 바다를 바라보기를 반복했다. 한참을 그러다 친구가 말했다.

"너 피곤해 보인다."
"응, 너도."

서로를 보며 껄껄 웃었다. 겨우 몇 시간 지났을 뿐인데 둘 다 다크서클이 짙어지고 있었다. 슬프지만 나이는 못 속인다. 아무리 바빴다손 치더라도 이렇게 만날 생각도 못 하고 산 이유에 대해 우리는 서로에게 질문했다. 놀아 본 사람이 잘 논다고 쉬어 본 사람이 잘 쉬나보다.

"우리 너무 열심히만 살지 말자. 쉬는 시간도 가지자. 계획은 좀 내려놓자. 마음의 환기를 하고 살자."

우리는 오늘 만남의 결론처럼 비슷한 말을 주고받았다. 마치 앞으로는 그렇게 살겠다고 서로에게 확인하고 다짐하는 의식처럼. 우리는 신데렐라처럼 짧은 만남을 마치고 아쉬움을 뒤로 하며 헤어졌다. 다음에 만날 땐 지금보다는 더 잘 쉬고 편안한 마음이기를 응원하고 축복하면서.

대학교에는 필수과목과 교양과목이 있다. 필수과목은 학생이 학위를 취득하기 위해 반드시 이수해야 한다. 신학대학원에서 히브리어와 헬라어를 배웠다. 히브리어는 유대인의 모어이고 구약성경의 원본 언어이다. 신약성서에 사용된 언어는 당시 헬레니즘 권역에서 일반적으로 널리 쓰인 헬라어이다. 생전 처음 보는 언어들이었다. 흡사 고대 상형 문자처럼 생겨서 문자인지 그림인지 헷갈리는 글자다. 맞다. 기원전에 쓰였으니

상형 문자와 별반 다르지 않을 것이다. 비슷해 보이는 글자들이 머릿속을 이리저리 어지럽혔다. 외국어에 별로 소질이 없는 듯했다. 하지만 나의 선택과 취향은 중요하지 않았다. 어렵고 힘들고 하기 싫어도 꼭 해야 하는 게 필수과목이니까.

쉼도 마찬가지이다. 인생 안에, 하루의 시간표 안에 쉼을 필수적으로 넣어야 한다. 바쁘고 어색해서 또는 시간이 없다고 쉬지 않으면 어떤 일이 벌어질까. 필수과목을 이수하지 못하면 재수강을 해야 한다. 한 번의 수강으로 끝날 일을 결국 두, 세 번씩 더 많은 시간을 할애하는 결과가 초래된다. 쉬어야 할 때 잘 쉬지 않으면 쉼도 재수강을 해야 할 상황이 펼쳐질지 모른다. 쉬지 못하면 피곤하고 예민해진다. 그때의 난 누군가 툭 건드리기라도 하면 바로 싸울 것 같은, 싸움닭이 된 듯 날카롭고 예민했다. 몸은 이곳저곳 아프다며 자기를 봐달라고 아우성쳤다.

아이가 핸드폰을 몇 년 쓰다 보니 충전이 잘되지 않고 배터리가 금방 닳아 불편하다고 새 핸드폰을 요청했다. 전문가들은 핸드폰 배터리를 100% 충전한 상태를 지속하면 불필요한 힘이 가해져 수명이 단축될 수 있으니, 충전량을 20~80% 사이로 유지하고, 충전 중에는 휴대전화를 사용하지 않는 것이 휴대전화 수명을 더 오래 유지하는 방법이라고 말한다. 사람은 기계가 아니지만 시간이 흐를수록 나이가 들고 늙어가는 건 기계와 비슷한 것 같다. 체력과 몸의 기관들이 점점 약해진다. 그런데도 '100%' 아니 그 이상으로 꽉 찬 상태로 계속 살아간다면 결과를 예측하는 건 그리 어렵지 않다.

필수과목은 타 과목을 이해하기 위해서도 꼭 필요한 기본적인 과정이다. 다른 일과 활동을 잘하기 위해서라도 우리는 쉬어야 한다. 빨리 끝내고 싶고 결과물을 보고 싶겠지만 중간중간 멈추어야 한다. 그래야 지치거나 아프지 않고 끝까지 갈 수 있고, 길게 보면 그게 지혜로운 길임을 깨닫게 된다. 우리에게는 아무 생각 없이 먹고 웃고 떠드는 시간이 필요하다. 멍하게 잔잔한 바다를 하염없이 쳐다보는 시간이 있어야 한다. 그 시간이 과열된 몸과 마음과 머리를 식혀 줄 것이다. 하루의 시간표 안에 쉼을 필수과목처럼 넣어야 한다. 자, 이제부터라도 인생의 필수과목인 '쉼' 과목을 이수해 보는 게 어떨까?

3
이제부터 나의 리그다

 무언가 극렬히 싫어진 적이 있는가? 나는 규칙을 잘 지키는 편이고, 존중과 조화와 평화를 사랑한다. 그래서 웬만하면 이해하고 포용력이 큰 편이다. 그런 내가 아주 싫어진 게 생겼다. 지금까지 내 삶의 터전은 집 다음으로 교회였다. 어렸을 때부터 교회가 참 좋았다. 예배드리는 게 놀이동산에 가는 것만큼이나 아니 어쩌면 더 행복했다. 어린이가 다른 재미있는 게 많았을 텐데, 지금 생각해 보면 나는 딸 말처럼 신기한 아이였다.

 교회에 가면 한없이 크고 따뜻한 하나님의 사랑이 느껴졌다. 성경을 듣고 배우는 게 좋아서 동생을 앉혀두고 배운 성경과 찬양을 가르치기도 했다. 주섬주섬 공부자료를 챙겨서 교회에서 공부할 정도였다. 그런 나를 보고 한 친구는 물었다. "너 나중에 수녀 될 거야?" 성경을 배우고 알려 주고 성경에 맞는 삶을 사는 것, 교회와 하나님에 대한 사랑은 내 인생 대부분을 차지했다.

 그런데 이게 웬일인가? 교회가 쳐다보기도 싫을 정도로 진절머리가 났다. 일을 하고 있지 않음에도 불구하고 일요일이 되면 심장이 벌렁거리고 극심한 긴장과 피로가 몰려왔다. 물론 여전히 하나님을 사랑했다. 하나님의 존재는 내게 너무 분명했기에 부인할 수가 없었다. 그런데 사람들이 가득한, 아니 정확히 말하면 죄인으로 가득한 교회가 징글징글했다. 가나안 성도(교회에 나가지 않지만, 크리스천이라고 말하는 사람)의 마음이 백번 이해됐다.

40년 넘게 교회에 다니고 15년을 목회자로 일했다. 일을 하다 보면 힘든 점이 없을 수 없다. 모든 일이 그렇다. 좋고 행복한 일만 있지 않다. 그런데 힘들어도 '싫다'라는 생각이 든 적이 없었다. 그런데 이번은 달랐다. 사랑한 세월과 크기만큼 아픔의 무게가 스스로 인지한 것보다 상당했다.

목회데이터연구소는 여성 목회자 94%가 한국교회 내 여성 차별이 존재한다는 데 동의했고, 이건 남성 목회자가 생각하는 것보다 더 심각한 상태라고 통계 결과를 말한다. 목회자 된 것을 후회한 경험이 여성이 남성보다 높게 나타났고, 전반적으로 여성 목사의 만족도는 남성 목사보다 낮게 나타났다.

교회가 무슨 잘못이 있겠는가. 항상 그렇듯 그 안에 있는 사람이 문제인 거다. 가부장적이고 권위적인 문화에 숨이 턱턱 막혔다. 답답함을 넘어 무력감과 자괴감이 들었다. 압도적으로 많은 수의 남성 목회자 틈에서 일하는 것도 알게 모르게 외로웠나 보다. 자녀 양육과 환경적인 여건으로 인해 더 많은 역할을 맡을 수 없는 상황이 당연했지만, 여자와 엄마라는 이유로 여러 제약이 있는 환경이 속상했다. 성도들이 남녀 목회자를 대하는 태도는 미묘하게 또는 대놓고 달랐다. 나는 남성 목회자보다 더 많은 공감과 이해를 요구받는 기분이 들 때가 있었다.

그동안 대수롭지 않게 넘기고 지나갔었는데 마음은 괜찮지 않았나 보다. 스스로 알아채지 못하게 조금씩 아팠었나 보다. 일하는 곳마다 칭찬과 인정을 받았지만 내 안 다른 편에는 괴로움과 아픔이 켜켜이 쌓여 꽤 오래도록 곪고 있었나 보다. 이제 체력까지 힘들어지니 한계에 도달했다. 그제야 한쪽에 치워두었던 마음이 보이기 시작했다.

미성숙한 사람들과 함께하는 게 더 이상 참을 수 없을 정도로 괴로웠다. 교회가 아무리 죄인들이 모이는 곳이라지만 슬픔에 가슴이 저렸다. 그리고 매우 부끄러웠다. 본질에서 벗어나고 멀어져 가는 모습에 분노가 일어났다. 채찍을 만들어 성전을 깨끗하게 하셨던 예수님의 분노를 조금이나마 알 것 같았다. 분노를 그들에게 표출할 수 없으니, 분노의 불이 내 안에서 스스로만 활활 태우고 있었다.

생일날이었다. 그런데도 전혀 기분이 좋지 않았다. 점점 나아지고 있다고 생각했던 생각과 감정들이 아직 다 해결되지 않았음을 실감했다. 생각이 꼬리에 꼬리를 물고 결국 불쾌하게 끈적거리는 웅덩이에 빠졌다. 전처럼 빨리 빠져나오고 싶지 않아서 이 생각과 감정의 끝이 어디에 다다를지 한번 가 보자는 마음이었다. 저녁에 둘째를 학원에서 픽업해서 집에 오는데 깜짝 생일 파티가 기다리고 있었다. 아빠가 바쁘시니 토요일에 생일

축하를 하자고 미리 얘기했는데 남편이 아이들과 함께 준비했다.

아이들이 용돈으로 내가 좋아하는 과자와 초콜릿을 샀다. 남편은 내 사진을 종이에 예쁘게 편집해서 프린트했다. 그 종이에 빼곡히 적혀 있는 남편과 아이들의 축하 메시지, 아이스크림 케이크와 남편이 끓여준 미역국까지. 참던 눈물은 둘째의 짧은 편지에서 터지고 말았다.

"엄마 생신 축하드려요, 항상 작고 조촐한 선물이지만 항상 감사하는 마음을 담아 드려요. 사랑해요. 건강하세요."

글도 글이지만 편지지 안에 글보다 더 많은 면적을 차지하는 것을 보고 깊은 곳에서 뜨거운 게 올라왔다. 웃는 내 얼굴을 그린 그림 옆에 세로로 한 문구가 크게 적혀 있었다.

"MY HERO"

둘째는 속이 깊고 공감보다는 팩트를 잘 말하는 아이다. 그 짧고 굵직한 단어가 어떤 말과 글보다 더한 감동으로 다가왔다. 현실에서 나는 초라해 보이고 대단한 걸 이룬 것 같지 않아 보인다. 남은 것도 없는 것 같다. 하지만 가장 가까운 가족은 내가 어떤 마음으로 어떻게 살아왔는지 알고 있었다. 자녀는 부모의 등을 보고 자란다는데 아이가 나를 자신의 'HERO'라고 말했다. 나는 세상에서 가장 크고 강하고 값진 인정과 상을 받았다. 이보다 더한 상이 어디 있으랴. 뜨거운 눈물이 흘렀다. 그날로 다짐했다. 언제까지 분노하고 슬퍼하고 있을 것인가. 너희에게 HERO라면 그걸로 되었다.

'다시 일어날게. 힘들고 쓰러져도 일어나는 걸 보여 줄게. 그래서 너희들이 앞으로 세상을 살아가면서 엄마처럼 힘들고 무너지고 좌절하고 분노하게 될 때 지금의 엄마 모습을 떠올릴 수 있으면 좋겠어. 네가 말한 것처럼 너희들의 멋진 히어로가 되고 싶어.'

나는 더 이상 괴로워하지 않겠다고 굳게 다짐했다. 내가 성경에 나오는 예레미야 선지자는 아니지 않은가. 난 그저 연약한 한 인간이고 작은 한 여성일 뿐이다. 판단은 내 영역이 아니다. 나는 그저 내 길을 걸어가면 되는 거다. 그것만 잘 해내기도 쉽지 않다. 난 더 이상 신경 쓰지 않기로 했다. 고뇌함으로 나 자신을 괴롭히는 것도 이제 그만이다. 나는 나의 길을 한 걸음 한 걸음 걸어가기로 했다. 나만의 길, 내가 가야 할 길, 내가 갈 수 있는 길을.

한 방송에서 윤여정 배우가 인생은 불공정·불공평이고 그 서러움을 스스로 극복해야 하는 것 같다고 말했다. 오정세 배우는 2020년 백상예술대상에서 열심히 자기 일을 하는 많은 사람들에게 똑같은 결과가 주어지는 게 아니어서 좀 불공평하다는 생각이 드는데, 그래도 실망하거나 포기하지 말고 자기 일을 계속했으면 좋겠다는 수상소감을 했다.

담담한 표현 속에 포기하고 싶었던 순간이 얼마나 많았을까. 그 과정을 모두 본 건 아니지만 잘 알 것 같았다. 세상에는 불공평하고 불공정한 점이 많다는 사실, 열심히 성실하게 살아도 결과는 좋지 않을 수 있다는 걸 너무 늦게 알았다. 지금이라도 알았으니 이제 깔끔하게 인정하고 나의 길을 걸어가련다. 그 길 끝에서 오 배우의 소감처럼 우리 모두 자신만의 동백을 만날 수 있기를.

4
멈추지 않는 생명력

어느 날 눈에 들어온 가수가 생겼다. 바로 '홍이삭'이다. 홍이삭 가수를 처음 본 건 JTBC 〈슈퍼밴드〉에서였다. 최종 4위를 할 만큼 실력자였다. 당시에 나는 다른 팀을 응원하고 있어서 잔잔한 노래를 잘하는 가수라고 생각하고 넘어갔다. 〈싱어게인 3〉에 '58호 가수'로 익숙한 얼굴이 나왔는데 전보다 수척하고 얼굴빛이 어두워 보였다. 슈퍼밴드 이후에 잘 지냈으리라고 생각했는데 아니었나 보다.

고백하듯 무겁게 내뱉는 노래에 깊은 한숨과 고민이 느껴졌다. 정말로 좋아하는 음악을 앞으로도 계속 해야 할지 불확실한 미래에 대한 불안함과 두려움도 보였다. 성실하고 실력이 출중한 가수인데 그다지 뚜렷한 빛을 보지 못하고 있는 것 같았다. 소리를 내지를 때는 흡사 절규처럼 들렸다. 특히 〈기다림〉이라는 이승열 가수의 노래는 가사와 그가 하나처럼 보였다.

"미칠 것 같아. 기다림 내게 아직도 어려워. 보이지 않는 네가 미웠어. 참을 수밖에. 내게 주어진 다른 길 없어."

나도 미칠 것 같았다. 공황장애에 걸리는 이유를 알 것 같았다. 유익하지 않은 이야기는 하지 않는 게 내 철칙 중 하나였다. 가는 곳마다 그것을 지켰다. 원래도 일 얘기 말고는 말이 많지 않다. 신중하고 입이 무거운 편이다.

"목사님, 우리 식사 같이해요. 꼭 하고 싶었어요."

묵묵하게 그리고 누구보다 열심히 봉사하는 분이다. 비슷해서인지 우리는 많은 말을 나누지 않아도 통하는 게 있었다. 마음과 진심이 느껴져서 서로를 조용히 응원했다. 믿음도 인성도 좋은 그분이 마음 아픈 일을 겪었고 그 일은 내게도 큰 실망으로 다가왔다. 자신의 이야기를 시작하셨다. 큰 위로를 드리고 싶은 마음만큼의 표현이 되지 않았다. 작은 위로라도 될까 싶어서 나는 한 번도 해 보지 않은 괴로운 마음을 꺼냈다.

"환멸이 느껴져요. 지금까지 오래 해 온 일이지만 이젠 안 하고 싶다는 생각까지 들었어요."

더 묻지 않으셨다. 나도 더 하지 않았다. 그분은 짧고 굵게 말씀하셨다.

"그래도 해야지요."

부정적인 말은 최대한 하지 않으려고 노력한다. 가볍고 무익한 말이 타인에게 얼마나 큰 독이 되는지 알기 때문이다. 말은 작지만 큰 힘을 가지고 있다. 말의 강력한 힘에 관한 책들이 많지 않은가. 그러다 너무 괴로울 때 남편에게 마음에도 없는 말들을 쏟아 냈다. 아름다운 가치가 다 무슨 소용인지, 왜 나만 참아야 하는지, 더 이상 그렇게 살고 싶지 않다고.

머리로는 무엇이 옳은지 알지만 갈기갈기 찢긴 내 마음과 감정은 쉽사리 치유되지 않았다. 나는 감성적이기도 하지만 동시에 이성적이다. 그런데 논리적으로 살지 못한 때가 훨씬 많았다. 지지 않을 자신이 있지만 묵묵하게 참을 수밖에 없었다. 억울하고 아픈 마음을 남편에게 토했다. 조용히 듣고 있던 남편이 말했다.

"그래도 그렇게 살아야지."
"왜? 왜 그래야 하는데?"

억지를 쓰는 아이처럼 퉁명스럽게 대꾸했다.

"그게 맞으니까. 그게 옳으니까. 뭐, 그럼, 반대로 살고 싶어?"

할 말이 없었다. 하지만 아직은 벌어진 상처들이 쓰렸다.

홍이삭을 응원했다. 묵묵하고 성실하게 살아온 그가 행복하기를 바랐다. 그는 실력과 성실함 뿐 아니라 인성도 좋다고 주변인들이 칭찬했다.

심사위원들은 그의 진정성과 한음 한음에 담은 정성에 감탄했다. 시간이 지날수록 그의 노래와 표정이 조금씩 밝고 가벼워 보였다. 드디어 결승! 그가 경연 중 처음으로 실수했다. 그는 승패를 떠나 홀가분해 보였지만 나는 그의 우승을 간절히 기도했다. 그는 〈싱어게인 3〉에 지원한 이유에 대해 아무리 열심히 좋은 걸 해도 많은 사람이 알지 못하는 애매한 위치인데 음악이 너무 좋다고 말했었다. 떨리는 마음으로 결과를 기다렸다. 우와! 그의 우승이 내 일처럼 기뻤다.

처음 불렀던 〈숲〉에서 '난 이제 물에 가라앉으려나.'라던 그가 〈바람의 노래〉에서 '모든 것을 사랑하겠다.'라고 마음과 생각이 정리되고 확정된 것 같아서 안도의 숨이 나왔다. 외로움과 고뇌, 좌절과 절망감의 모든 힘 겨운 시간 속에서도 음악이 너무 좋아서 매일 성실하게 쌓아 올린 진정성과 실력이 드디어 드러나고 인정받는 것 같아 감격스러웠다. 그는 아름답고 옳은 가치를 향해 힘겹지만 성실하게 걷고 있는 많은 이들에게 큰 위로와 희망이 되었을 것이다. 그의 모든 땀과 눈물과 감정과 시간이 온몸에서 자연스럽고 아름답게 뿜어져 나오고 있었다. 계속 우직하게 선한 영향력을 퍼뜨려 주기를, 힘들게 걸어온 그 길이 앞으로는 조금 더 행복하고 즐거움으로 채워지기를 격하게 응원했다.

그 후로도 오래도록 그의 노래를 들었다. 아이들은 "엄마, 또 그 노래 듣네."라고 했다. 그의 우승에 대해 아이들에게 여러 번 이야기했다.

"우승해서 정말 기뻐. 그동안 얼마나 힘들었겠어. 그래도 포기하지 않고 성실하고 묵묵하게 매일 노래하고 실력을 쌓았잖아. 엄마는 무조건 1등을 해야 한다고 말하는 게 아니야. 알지? 성실함과 인성이 중요하다는 말이야. 그가 잘 돼서 정말 기뻐. 앞으로는 날개를 달고 쭈욱 날아가고 더욱더 잘 됐으면 좋겠어."

운전하면서 열변을 토하는 내 말을 잠자코 듣고 있던 막내가 말했다.

"나는 홍이삭 가수보다 우리 아빠가 10배, 아니 50배, 100배 더 잘 됐으면 좋겠어요. 우리 아빠도 되게 성실하시지 않나?"

생각지 못한 말에 큰 웃음이 터졌다. 그렇다. 우리 가족들은 각자의 학교와 일터에서 성실하고 멋지다고 인정받고 있었다. 우리 가족의 타이틀은 '성실한 가족인가?'라며 남편과 뿌듯해한 적이 있다.

생명력이 있는 사람은 자란다. 생명이 있어서 자연스럽게 그렇게 된다. 죽은 것처럼 움직임 없는 작고 여려 보이는 씨앗에서 땅을 뚫을 정도로 힘 있는 싹이 돋아난다. 따뜻한 봄바람이 살랑 불어오면, 아무것도 보이지 않던 겨울나무에서 또다시 새싹이 나고 꽃이 피고 열매가 맺힌다. 그 안에 '생명'이 있어서이다. 홍이삭이 부른 〈기다림〉의 마지막 가사는 이거다.

"언젠가 그대가 날 아무 말 없이 안아주겠죠. 그 품 안에 아주 오래도록."

그 넓고 따뜻한 품 안에 안겨 힘들었지만 포기하지 않았고, 괴로웠지만 변질되지 않았으며, 좌절했지만 기다렸다고, 감격하며 말할 그날을 소망하련다.

나를 응원하는 길
나를 향한 우렁찬 박수

내 장점을 찾기
오늘 할 수 있는 한 가지에 집중하기
나에게 기대하기 (미래와 꿈)
따뜻한 눈빛으로 나를 바라보기
흔들려도 괜찮다고 다독이기
끝까지 내 편 되어 주기
지지해 주는 사람들을 떠올리고 고마움을 전하기

5
과거의 나를 애도하며

 1년간 많이 울었다. 시도 때도 없이 눈물이 났다. 열정적으로 일하고 배우며 진심으로 애썼다. 묵묵히 참고 인내했다. 그렇게 살아온 게 다 무슨 소용이 있단 말인가. 목사와 리더라는 이유로 힘들다고 표현할 수 없었던 내가 너무 불쌍하게 느껴졌다. 더 높은 가치를 위해 난 나라는 한 개인을 희생시켰다는 생각이 들었다. 학창 시절 철이 들 무렵부터 그렇게 살아왔다. 내가 원하고 좋아하는 것은 한쪽에 미뤄두고 모른 체 했다. 그 사실을 인식하지 못할 정도로 타인과 책임을 위해 살았다.

 분명 최선을 다했는데 주변과 상황과 세상은 변화가 없었다. 나는 그렇게 스러져버린 내 청춘과 젊음과 인생이 말할 수 없이 애달팠다. 슬프고 안쓰러웠다. 후회스럽고 한없이 억울하기도 했다. 타인에게 피해 주지 않고 살아도 후회스러울 수 있다니 참 아이러니했다. 이런 결과를 보자고 그렇게 열심히 뛰었나 허무함이 파도처럼 끝도 없이 밀려왔다. 아름다운 땅에 도착하기 위해 오랜 시간 날마다 노를 저었는데 다시 허허벌판 바다 한가운데 원점으로 돌아온 것 같은 기분이 들었다.

"일반 회사였으면 빨리 승진했을 거예요. 똑똑하고 일 잘해서. 아이들 키우고 나서 꼭 공부 더 해요. 아까우니까."
"안에 가지고 있는 게 많은데 다 펼치지 못하는 것 같아 안타까워요."
"이해력이 좋아서 잘할 거예요."

내가 들었던 말들이 자꾸 생각났다. 어둡고 습한 슬픔 바다에 더 깊이 빠져들어 갔다. 사람은 어리석은 존재가 아니던가. 자신이 살아 보지 못한 삶을 동경하고 그리워하니 말이다.

상황이 여의찮아 한쪽에 쌓아두기만 했던 슬픔이 모습을 드러내기 시작했다. 당위성에 눌려 묵혀졌던 감정들이 터지기 시작하자 걷잡을 수 없었다. 여러 고민과 받지 않아도 되었을 질문들, 애썼던 노력이 모두 가시가 되어 아프게 나를 찔러댔다. 잘 견뎌왔다고 생각한 것들이 그렇게 돌변할 거라고는 전혀 상상도 못 했다.

아이들을 등교시키고 돌아오는 차 안에서, 설거지하던 주방에서, 책을 읽던 거실에서 생각이 어느 지점에 머물면 운전을 하면서, 고무장갑을 낀 채로, 책을 잡고, 꺼이꺼이 울었다. 스스로가 바보 같아서 견딜 수가 없었다. 불쌍하고 또 불쌍하고 한없이 불쌍하기만 했다. 내가 바친 젊음과 청춘과 모든 시간이 생각나 견딜 수 없이 마음이 미어졌다. 나는 아픈 가슴을 붙잡고 통곡했다. 도대체 내가 뭘 잘못했단 말인가? 어느 때까지 이렇게 아파야 하는 걸까?

그동안 옳다고 믿고 살아온 가치관과 삶에 배신당한 기분이었다. 내 '진심'이 버려져 땅에 떨어지고 짓밟히는 것 같았다. 무시되고 외면당하는 것 같았다. 무례하고 이기적인 이들에게 내 진심은 헐값에 매겨져 값싸게 취급되었다. 내 진심이 이리저리 치이며 시궁창에서 나뒹구는 것처럼 보였다. 땅에 떨어져 흔적도 없이 먼지처럼 흩날리는 걸 보니 창자가 뒤틀리듯 고통스러웠다. 그게 그렇게 가볍고 쉽게 흩어져 버릴 종류였는가. 그 진심은 곧 나였다. 내 가치관이고 인생이었다. 내가 짓밟히고 있는 것 같았다. 내가 할 수 있는 건, 그런 나를 바라보며 목 놓아 우는 수밖에.

함께 일했던 선생님들은 나에게 부드러운 카리스마, 여장군이라며 리더의 자질이 있다고 했다. 그런데 나는 한편 여리고 섬세하고 감성이 풍부하다. 나는 그런 자신을 강하게 이끌었을 뿐이다. 책임지고 해내야 하는 일들이 산적했으므로. 리더이고 엄마이기 때문에. 내 안의 여리고 섬세한 아이가 오래도록 숨죽여 아파했다는 걸 이제야 알았다. 괜찮아질 거라고 예상했던 슬픔은 쉽사리 진정되지 않았다. 친구는 괴로워하는 내게 말했다.

"네 마음은 이해하지만 그래도 그렇게만 보내기엔 너무 아까운 것 같아. 언제 다시 쉬게 될지 모르는데 좋은 기회잖아. 조금 더 즐겁게 보냈으면 좋겠어."

나도 친구의 말에 동의했다. 하지만 친구가 모르는 게 하나 있었다. 이 깊은 슬픔이 단순히 몇 년 만의 일로 비롯된 게 아니라는 것이다. 그건 15년, 20년, 아니 철이 들었을 10대 때부터 이어져 온 내 '삶'에 대한 거였다. 그 오랜 삶 속에서 내가 믿고 중요하다고 생각한 '신념과 가치관'에 대한 애도였다. 몇십 년이라는 세월을 애도하기에 1년은 너무 짧은 시간이지 않은가. 나는 충분히 아파하기로 했다. 그동안 등돌리고 있었던 감정을 돌아봤다. 내 마음의 소리를 한없이 듣기로 결심했다. 타인의 말을 잘 경청했던 것처럼 내 소리를 끊지 않고 들었다.

〈어쩌다 어른 2019〉에서 정혜신 정신과 의사가 사연자의 질문에 대답했다. 어머니가 투병 후 돌아가신 지 두 달이 지난 사연자는 누구나 겪는 일인데 어떻게 잘 극복할 수 있는지를 질문했다. 그러자 정혜신 박사가 사랑하는 엄마를 잃은 지 두 달밖에 안 됐는데 잘 극복해야 한다는 생각은 자신에게 폭력적이라며 더 마음껏 주저앉아서 많이 울고 충분히 그리워해야 한다고 조언했다.

그렇다. 나는 더 이상 나에게 폭력적이기 싫었다. 내가 너무 순수하고 순진했나. 너무 이상적이었나. 영악하지 못했던 내가 바보 같아 보이기만 했다. 슬픔과 좌절과 분노와 허무의 바닥에서 나뒹구는 나에게 그만해라, 힘내라, 이제 훌훌 털고 일어나라고 하고 싶지 않았다. 울고 싶으면 울었고 화가 나면 화를 냈다. 물론 혼자 있을 때. 그렇게라도 하지 않으면 내가 더 가여울 것 같았다. 타인에게는 관대하면서 스스로에게는 왜 그렇게 엄격했는지. 나는 나에게 참 가혹했다는 걸 깨달았다. 타인을 있는 그대로 바라보고 수용하고 이해했던 것처럼 나에게도 그러고 싶었다. 그렇게 나는 평소답지 않게, 예전과 다르게, 오래도록 분노하고 슬퍼하고 울었다.

그러던 어느 날, 갑자기 한 질문이 머릿속에 떠올랐다.

"내가 다시 과거로 돌아간다면 지금까지와 동일한 마음과 방식으로 살 수 있을까?"

답을 하는 과정 끝에 나온 말은 "대단하다, 멋지다!"였다. 내가 다시 산다면 지금까지 그래왔던 것처럼 열정적으로, 최선을 다해 살 수 있을까? 글쎄, 장담하지 못하겠다. 아마 현재의 나를 모르는 과거의 나는 똑같이 살았겠지. 여기까지 생각이 미치자 너무 대견하고 대단해 보였다. 그제야 순수하고 열정적이고 애썼던 모습이 투명하게 보이기 시작했다. 좀 전까진 바보 같고 미련해 보여서 눈물을 줄줄 흘렸는데 갑자기 시각이 바뀌었다. 안다고 다 실천하며 살지는 않는다. 모든 사람이 할 수 있는 최선을 다하며 사는 것도 아니다. 효율적인 실속은 없었을지 몰라도 나는 내 인생을 바르고 밀도 있게 살기 위해 애써왔다는 사실이 선명하게 보였다. SBS 〈낭만닥터 김사부 3〉에서 김사부가 말했다. 세상 사람들이 다 진심을 알아줄 수는 없고 그 정도로 관심 있지도 않다고. 하지만 묵묵히 산다고 절대로 사라지는 거 아니라고.

우리는 흔들릴 수 있다. 환경이 어렵고 상황이 혼란스러울수록 더 사정없이 흔들리고, 여러 다양한 감정들이 빠르게 오갈 것이다. 사정없이 흔들리는 당신의 마음을 알아주라. 당신만이라도 자신의 마음을 모르는 체 하지 않기를. 아프고 괴롭고 슬프고 분노한 마음을 외면하지 말고 마주 앉아 들어주고 같이 울어 주었으면. 그 과정이 고통스럽고 힘들지라도 포기하지 않고. 그러면 당신의 마음과 가치관과 의미 있는 선택들과 삶의 행적이 보일 것이다. 마치 흔들려도 결국은 원점을 가리키는 나침반처럼, 당신은 이내 중심을 잡고 당신 안의 그 원점이 틀리지 않았음을 깨닫게 되리라.

애쓰고 아팠던 과거의 자신을 충분히 애도하고 보내 주길 바란다. 자랑스러워하고 뿌듯해 하면서 수고 많았다고 토닥토닥 두드려주고 칭찬해 주는 것도 잊지 말고. 더 강하고 지혜로워질 새로운 나를 맞이할 준비도 하자. 미래를 향해 다시 멋진 항해를 시작하기 위해서. 반짝이는 윤슬 같은 작은 빛들의 향연을 기대하며.

6
모든 건 사랑이었어

인간이 살아가는 원동력이 무엇일까? 가족, 돈, 명예, 가치, 신념, 꿈 또는 드라마와 영화에 자주 등장하는 분노, 복수, 상처, 트라우마일 수도 있다. 허리가 아프고 무릎이 아파도 엄마를 부르는 아이 소리에 벌떡 일어나는 것, 팔이 떨어져 나갈 듯해도 잠 못 드는 아기를 안고 몇 시간째 같은 자세로 있는 것, 눈꺼풀이 무거워도 아이의 말을 경청하고 공감하고 대화한 것, 점심을 거르면서 일했던 날들, 빠르게 움직이고 시간을 촘촘하게 사용한 것, 본이 되려고 노력하고 맡은 일에 성실하고 충성했던 것 등.

내가 행한 모든 행동과 마음과 동기의 중심에 공통적인 한 가지가 있었다. 그건 '사랑'이었다. 자신과 타인을 사랑할 줄 아는 넉넉한 아이로 자라기를 바라는 마음에서 나온 행동들은 자녀를 향한 사랑이었다. 더 좋은 프로그램과 설교를 준비했던 날들은 내가 맡은 아이들을 향한 사랑이었다. 본을 보이고 신앙과 삶의 일치를 이루고자 애썼던 것은 성도를 향한 사랑이었고, 빠르게 움직였던 건 더 멋진 사람이 되고자 자신을 계발한 나를 향한 사랑이었다. 친구의 긴 이야기를 듣고 있던 건 나를 진심으로 걱정하는 친구에 대한 사랑이었다. 내가 옳다고 믿는 가치관에 충성했던 것은 신을 향한 사랑이었다. 신께는 턱없이 부족한 사랑이었겠지만 내가 할 수 있는 한에서 최선을 다해 드리고 싶었던 사랑이었다.

태풍 속에서는 버티는 거 외에 할 수 있는 게 없다. 휩쓸려 날아가 버리지 않도록 오직 생존에만 모든 신경이 집중된다. 몰아치는 강한 비바람 속에서 당장 1m 앞도 제대로 보이지 않는다. 그런 상황에서 주변이 보일 리 없다. 당장 몸 하나 건사하기도 버거운데 마음까지 들여다볼 여유 같은 건 실상 불가능하다. 이리저리 흔들리며 풍랑에 빠지지 않기 위해 사력을 다할 뿐이다. 한바탕 휘몰아치던 오랜 태풍이 지나가나보다. 오래도록 나를 흔들던 강한 태풍이 조금씩 잔잔해졌다. 고요해진 공기 속에서 무언가가 조금씩 보였다. 태풍과 폭풍 속에서 허우적대느라 미처 보지 못했던 순간들이었다. 또다시 눈이 붉어지고 눈물이 뺨을 타고 오래도록 흘렀다. 하지만 지금까지와는 다른 눈물이었다.

오랜 태풍으로 아무것도 보이지 않아 우왕좌왕했다. 태풍이 지나간 자리에 태풍 덕에 더 청명해진 파란 하늘이 밀리에서부터 보이기 시작했다. 그 하늘을 배경 삼아 날아다니는 새들이 시야에 들어왔다. 내 곁에 날아와 앉은 새들의 지저귐이 곱고 귀여웠다. 내 머리카락을 쓰다듬는 살랑거리는 바람이 상쾌하고 깨끗했다. 태풍 속에서도 죽지 않고 밝고 선명하게 향기를 내뿜는 각양각색의 꽃들이 나를 보고 미소 짓고 있었다.

나는 가족 외에는 표현하는 것을 약간 쑥스러워하는 편이다. 따뜻한 말과 위로를 하지만 유창하고 긴 말보다는 행동으로 보여 주는 편이다. 내가 해야 할 일들을 성실하고 충실하게 하는 방식으로 한다. 나는 내 깊은 슬픔에 빠져 눈치채지 못하고 있었다. 내가 보여 준 사랑이 여러 가지 방식으로 내게 돌아오고 있었다는 것을. 어쩌면 내가 표현한 것보다 더 많이.

사랑은 다양한 모습으로 내게 왔고 오고 있었다. 함께하는 시간, 따뜻한 차, 달콤한 빵, 따뜻한 눈빛, 구체적인 칭찬, 걱정을 숨기고 하는 밝은 안부 전화, 장문의 메시지와 편지 등. 그게 눈에 보이기 시작했다. 내 열정과 사랑의 결과가 무(無)라고 생각했었다. 버려지고 짓밟히고 흔적도 없이 공기 중에 사라져 버렸다고 생각했다. 그런데 그게 피어나고 있었다. 마치 민들레 씨앗이 날아가 꽃을 피우듯이 내가 예상하지 못한 곳에서 생각지 못한 방법으로. 얼음산처럼 뾰족뾰족했던 마음이 아주 천천히 녹기 시작했다.

"우리 좋은 추억이 많잖아요. 우리 재미있었잖아요."

선생님의 목소리가 이제야 선명하게 귀에 들려왔다. 내 진심은 흔적도 없이 사라진 게 아니었다. 내 열정과 사랑은 버려지지 않았다. 그들의 눈과 기억과 마음속에 내 진심과 사랑과 열정과 말과 행동과 위로와 격려가 따스하게 자리 잡고 있었다. 그들에게 감사함으로, 목사와 신에 대한 좋은 기억으로 남았다.

"저를 비롯하여 선생님 모두가 전도사님(전도사 시절)을 신뢰하고 사랑했다고 말씀드리고 싶어요."

"전도사님의 수고와 헌신으로 제 아이뿐만 아니라 많은 아이가 은혜받고 쑥쑥 성장할 수 있었던 것 같아요."

"전도사님과 함께했던 때가 그리워요. 그때가 제일 행복했던 것 같아요."

"아이와 저의 믿음이 목사님을 매개로 많이 형성된 거 같아요. 정말 너무 감사했습니다."

"목사님을 뵐 때마다 스데반 얼굴이 빛난 것처럼 밝게 웃는 모습에서 도전도 되고, 목사님에 대한 환상도 갖게 됩니다."

"함께여서 행복했습니다. 여유 있으나 빈틈없이, 꼼꼼한데 은혜와 사랑이 가득했던 하루하루. 목사님의 사역은 사랑입니다."

"아이들과 부모님, 선생님들까지 세심하게 살펴봐 주시고 말씀을 위해 매번 열심히 준비하시는 모습을 보면서 매 순간 감사함을 느낍니다."

"변함없는 겸손과 미소로 사랑으로 품으시는 넉넉함에 감사합니다."

"언제나 말없이 묵묵하게 맡은 일에 충실하신 목사님을 통해서 예수님의 사랑을 느낍니다."

어쩌면 나는 내가 베푼 것보다 더 많은 진심을 돌려받았는지도 모른다. 큰 슬픔에 잠식되어 허우적거리느라 미처 알아채지 못했을 뿐. 나의 가치관을 이야기하지 않아도 그들은 느끼고 알고 있었고, 내 삶의 행적과 가치관을 그대로 나에게 복기해 주었다. 하루는 아프고 괴로워 자녀들에게 물었다. 사는 게 행복하냐고. 아이들은 한 치의 망설임 없이 행복하다고 답했다. 이것도 재밌고 저것도 재밌고 즐거운 게 많다고 했다. 그거면 됐다. 아름답기만 하지 않은 세상을 사는 게 행복하다면 얼마든지 살아갈 힘이 있으니 말이다. 어리기만 한 것 같았던 자녀들이 어느덧 자라서 엄마를 응원하고 사랑하고 자랑스러워했다. 감사할 줄 알고 건강한 자존감을 가진 아이들로 자라고 있었다. 부부가 겸손하고 성실하고 실력 있고 사이가 좋다며 주변인들이 우리를 칭찬했다.

씨를 뿌렸다. 그 씨가 잘 자랄지, 언제 꽃을 피우고 열매를 맺을지 모른다. 그건 내 몫이 아니다. 그러나 계속 씨를 뿌리며 나아갈 때 그 길에서 비슷한 사람들을 만나게 된다. 같은 길을 걸어가고 있는 이들은 서로에게 위로이다. 특별히 서로에게 무언가를 주지 않아도 그저 그렇게 살아가는 모습 자체만으로도 힘이 된다. 뿌린 사랑은 자란다. 내 예상과 다른 장소와 시간일 수도 있고 생각보다 더딜지라도. 그래도 한 가지 바라기는 당신이 너무 오래 괴롭지는, 너무 많이 애달프지 않았으면.

"사랑은 인간 생활의 최후 진리이며 최후의 본질이다."라는 명언처럼 진심으로 사랑했던 당신, 눈물이 걷힌 눈으로 주위를 둘러보자. 작지만 아름답고 생명력 있는 꽃과 잎과 열매들이 보일 것이니. 열정과 사랑의 씨를 계속 뿌리자. 그 씨와 풀과 꽃과 열매를 알아보고 찾아오는 이들이 있을 것이다. **쓰다듬고 아름답다고 말하며 곁에 머물러 미소를 지으리라.** 전진하자. 진심으로 사랑하면서. 때론 지치더라도 신께서 모든 걸 알고 기억하시니. 나의 땀과 눈물과 사랑이 누군가에게 아름답게 열릴 걸 믿으며 뚜벅뚜벅 걸어가 보자.

7
균형잡기의 달인

학창 시절 체육 시간에 평균대를 한 적이 있다. 좁고 높은 평균대 한쪽에서 다른 쪽까지 가야 한다. 땅으로 떨어지지 않으려면 균형을 잘 잡는 게 필요하다. 양팔을 펼치는 게 효과적이었다. 흔들리거나 땅에 떨어지려고 하면 얼른 팔을 움직였다. 그러면 금세 균형이 잡혔다. 양팔 중 한쪽이 다른 쪽보다 현저히 높거나 낮으면 온몸이 휘청거렸다. 그 작은 평균대를 건너는 건 긴장되면서도 짜릿했다. 나는 평균대 걷기를 제법 잘했다.

균형을 잘 잡는다고 생각했다. 균형이라는 단어를 좋아했고 오래전부터 자주 사용했다. 삶에서 균형이 매우 중요하다고 생각했다. 친구들과 만날 때는 두루두루 친하게 지내려고 했다. 회의나 모임을 진행할 때는 한 명이 발표를 독식하지 않도록 골고루 시간과 대상을 분배했다. 누군가 감정이 격양되려고 하면 유머를 섞어 분위기를 부드럽게 만들었다. 그런 나를 보고 한 목사님이 "소그룹 인도를 참 잘하던데요."라고 했다. 그렇게 본능적으로 모든 분야에서 균형을 잡으려고 했던 것 같다.

그랬었는데 균형을 잃어버렸다. 그것도 완전히, 아주 많이. 새롭고 행복하면서 동시에 부담스럽고 분주한 육아 속에서, 계획이란 게 무의미할 정도로 정신없이 바쁜 삶 속에서, 균형은 서서히 아니 급속도로 자취를 감추었다. 나는 어느새 균형과 멀어진 삶을 살고 있었다. 가장 먼저 무너진 것은 '체력과 정신력 사이의 균형'이었다. 독서는 몇 시간 동안 미동 없이 했다. 그런데 운동은 1시간도 제대로 하지 못했다. 바쁜 삶 속에서 겨우 낸 시간은 독서와 글쓰기에 사용하고 싶었기 때문이다. 운동은 점점 더 뒤로 미루어지다가 결국 아예 계획 안에 들어가지도 못할 지경이 되어 버렸다.

이대로는 큰일이 나겠다 싶었다. 좋아하는 독서조차 못하게 될까 봐 앞이 캄캄해졌다. 헬스장을 방문해서 등록했다. 생애 처음으로 1:1 PT를 받았다. 여자 트레이너 선생님은 친절하셨고 건강해 보였다. 피곤함에 절여있는 나와는 다른 세상에 살고 있는 듯했다. 긴장과 걱정이 됐지만 하기로 했으니, 끝까지 잘해 보자고 다짐했다. 그런데 첫날부터 시선이 자꾸 시계를 향했다. 1시간이 이렇게 긴 시간이었던가. 첫날부터 이렇게 높은 강도의(순전히 내 관점에서) 운동을 시킨다고? 접수하는 날 그동안 운동을 너무 안 하고 살았다고 말씀드렸었다. 내 상태를 충분히 전달했다고 생각했는데 오산이었나보다.

꽉 깨문 입술 사이로 소리가 흘러나와도 어쩔 수 없었다. 고통이 창피함을 이겼다. 어기적어기적 타박상을 입은 듯 아픈 다리를 질질 끌고 집에 돌아왔다. 온몸이 특히 하체 전체가 아팠다. 겁이 났다. 점점 더 높은 레벨과 난이도로 할 텐데 어쩌지. 하지만 나와의 약속을 어기고 싶지 않았다. 균형의 약한 부분을 되찾으려면 해내야 했다. 그렇게 거부하는 마음과 싸워 몸을 헬스장에 데려다 놓았다. 결국 지각, 결석 없이 마쳤다. 문제는 그다음이었다. 주변인들이 모두 코로나에 걸릴 때도 걸리지 않아서 부러움을 샀던 나였는데, PT가 끝나고 바로 코로나에 걸려 호되게 고생했다.

나는 내 몸에 대해서 너무 무지했다. 지금도 잘 아는 건 아니다. 몸을 정신력으로 이기려고 했다. 이미 지칠 대로 지친 몸은 좋은 영양과 충분한 휴식과 적당한 운동이 필요한 건데 말이다.

"형님, 형님은 지금 나이에 비해서 근육량이 괜찮아요. 운동을 안 한 거에 비해서는요. 하지만 운동을 안 하면 나이가 들어가면서 근육이 계속 빠질 거예요. 그래서 지금부터라도 운동해야 해요. 그리고 형님은 복부 지방이 좀 있으세요. 복근 운동도 하셔야 해요. 그리고 건강은 세 가지로 이루어져 있어요. 아세요? 운동과 영양과 쉼으로 이루어져 있어요. 형님이 날마다 격한 운동을 한다고 건강해지는 게 아니에요. 쉬는 시간도 있어야 해요. 무슨 말인지 아시겠지요?"

PT 상담을 하던 트레이너는 남자분이었다. 팔 두께가 내 팔의 세 배 정도는 되어 보이는 울룩불룩한 팔과 몸을 가진 트레이너는 자꾸 나를 형님이라고 불렀다. 뭐지? 이 지역에서는 회원을 다 형님으로 부르는 건가? 궁금했지만 트레이너의 큰 몸에 압도되었다. 벽에 걸린 보디빌딩 사진과 상장도 한몫했다. 회원님을 빨리 발음해서 형님처럼 들리는 거라고 지인이 알려줘서 뒤늦게 폭소했다. 쉼이 필요하다고 했는데 나는 지난 시간을 만회하고 싶은 마음에 욕심을 부렸다.

장염으로 입원했을 때 피검사를 했고 철분이 부족하고 빈혈도 있다는 결과를 들었다. 철분이 100정도 있어야 한다면 30밖에 없어서 격렬한 운동을 하면 심장에 무리가 간다고 했다. 아, 자기 몸에 무지한 나여. 헬스 기구로 운동한 후 러닝머신을 열심히 하고 나면 핑 돌며 어지러웠던 이유가 있었다. 그것도 모르고 나는 이겨내야 한다며 국가대표라도 된 듯한 마음가짐으로 스스로에게 정신교육을 했다. 나는 몸과 정신과의 균형을 잡지 못했다. 관심 가지지 않고 잘 알지 못했던 몸이 지금까지 버텨 준 것만으로도 고마운 생각이 들었다. 나는 몸을 쓰다듬으며 미안하다, 주인 잘못 만나 그동안 고생 많았다, 네 덕분에 여기까지 왔다, 정말 고맙다고 여러 번 말했다. 나는 정신으로 치우친 균형을 몸 쪽으로 이동해야 했다.

또 부족했던 균형은 '나와 타인 사이의 균형'이었다. 가정에서 돌봐야 할 자녀들이 있었다. 직장에서는 리더로서 아이들과 학부모, 선생님을 신경 쓰고 프로그램을 기획하고 이끌어야 했다. 나는 집 안과 밖에서 타인을 살폈다. 그러다 보면 나에게까지 올 에너지가 남아 있지 않았다. 나는 나를 제외하고 돌보고 있었던 거였다. 그렇게 가장 가까운 이웃인 나 자신을 잃어버렸다. '일과 쉼 사이의 균형'도 없었다. 시간의 대부분은 일을 하고 타인을 돌보는 데 사용되었다.

'영성과 마음 사이의 균형'도 잡지 못했다. 영성에 관심이 많고 자아 성찰은 많이 했지만, 마음과 감정을 들여다보고 대화하지 못했다. 마음을 살펴보고 돌보지 못했다. 『마음돌봄』에서 저자 정진 코치는 우리가 감정을 건강하게 해소하는 법을 배우지 못했다고 말한다. "특히 슬픔, 아픔, 우울 같은 감정이 찾아오면 그 순간에 극단적으로 감정을 억압하거나 타인이나 자신에게 폭력을 가하곤 합니다."라며 마음 돌봄의 필요성을 이야기한다. 그러고 보니 균형을 잃어버린 영역이 꽤 많아 보인다.

SBS 〈생활의 달인〉에는 여러 분야에서 활약하는 달인들이 등장한다. 달인은 '학문이나 기예에 통달하여 남달리 뛰어난 역량을 가진 사람'을 말한다. 주차, 꽈배기, 취사병, 공기놀이, 봉투 접기 달인 등 다양하다. 오랫동안 같은 일을 반복하다 보니 어느 순간 달인이 된 거다. 나도 달인이 되고 싶다. '균형의 달인' 말이다. 삶 속 여러 분야에서 균형을 잘 맞추고 싶다. 평균대에서 균형을 잘 잡았을 때, 아슬아슬하지만 뿌듯하고 상쾌했던 느낌을 기억하련다. 적당한 긴장감과 즐거움으로, 조화롭고 균형 있는 삶의 리듬을 민감하게 감지하는 균형의 달인이 되어 보자.

8
번아웃, 네 덕분이야

　빅뱅의 지드래곤이 오랜만에 복귀한다는 소식이 들렸다. 재능 많은 그룹이라고만 생각하고 제대로 본 적이 없었다. 들썩들썩한 분위기에 〈MAMA AWARDS〉 영상을 봤고 입이 떡 벌어지며 바로 고개가 저절로 끄덕여졌다. tvN 〈유퀴즈〉에서 지드래곤은 '자기 자신'으로 산 시간이 적었고 계속 일만 해서 결국 자신이 행복한지에 대해 의문이 들었다고 말했다. 그래서 몇 년간 쉬고 음악이 정말로 다시 하고 싶어 돌아왔단다. 그렇게 그는 더 여유롭고 편안하고 단단해진 모습으로 전쟁에서 승리한 왕처럼 나타났다.

　1994년 여름에 기록적인 폭염과 극심한 가뭄이 이어졌는데 그해 8월에 발생한 태풍 더그는 더위를 식혀 주고 가뭄을 해결하는 효자 노릇을 했다. 그렇다. 태풍은 피해를 주기도 하지만 긍정적인 효과도 주는 양면성을 가지고 있다. 태풍은 농작물에 필요한 물을 공급하는 등 물 부족 문제를 해소해 주고 대기 중의 열을 이동시켜 기후의 균형을 맞추는 역할을 한다. 강한 바람과 비를 동반해 대기 중의 먼지나 오염물질을 씻어 내서 공기가 깨끗해지도록 해 주기도 한다.

개인적으로 '슈퍼 태풍'이라고 느꼈던 '번아웃'을 만났다. 번아웃 태풍은 강한 바람과 폭풍으로 인정사정없이 나를 뒤흔들었다. 마음 깊숙이 눌러두었던 좌절과 분노와 슬픔이 먼지처럼 일어나 뿌옇게 가득했다. 계속 불어온 돌풍은 그 감정들을 이리저리 흔들었다. 번개가 치고 풍랑이 일어나면서 감정들이 드러났고 나는 그것을 또렷이 인지할 수 있었다. 태풍은 오래도록 불어 결국엔 필요 없는 감정들을 밖으로 날려버렸다. 덕분에 더 깨끗해진 마음속에서 감정들이 자기 이름을 가지고 단정하게 정리되어 제자리를 찾았다.

무엇보다 번아웃을 통과하며 얻은 가장 큰 수확은 '나 자신을 만난 것'이다. 그동안 해야 할 일들에 파묻힐 수밖에 없었던 상황과 열정적인 성향이 만나 일만 했다. 그러느라 어느 순간 잃어버린 줄도 몰랐던 나였다. 그런 나를 만나고 더 잘 알게 되었다. 어떤 일을 좋아하고 잘하는지, 반대로 무엇을 싫어하고 힘겨워하는지. 성향, 기질, 재능, 취향 등이 조금 더 선명해졌다. 내 그릇의 크기도 가늠이 되어 어디까지 포용할 수 있고 없는지가 보였다.

"왜 이렇게 화가 나는지 알았어. 그건 내가 화를 안 냈기 때문이야!"

한번은 이상하게 들리는 이 단순한 진리를 깨달았다. 번아웃과 화병의 지경까지 가지 않도록 미리 자신을 돌봐야 한다. 아무리 바쁘고 힘들어도 때론 다 제쳐두고 자신의 소리를 들을 필요가 있다. 나를 돌보는 건 소중한 주변 사람들과 해내야 할 일들을 위해서도 선행되어야 한다. 서툴고 어색하지만 나를 조금씩 사랑해 보았다. 나를 사랑하는 방법에는 자신을 보호하는 것도 포함이다. 모든 사람을 이해하고 수용하려는 것은 오만하거나 어리석은 일이다. 세상에는 선과 악이 공존함을 인정하고 자신을 지키는 지혜가 필요하다. 좋아하고 잘하는 일에 집중해야 행복에 좀 더 가까워진다는 것도 알게 되었다.

"내가 젊고 자유로워서 상상력의 한계가 없을 때 나는 세상을 변화시키겠다고 꿈을 가졌었다… 이제 죽음을 맞기 위해 자리에 누워 나는 문득 깨닫는다. 만약 내가 나를 먼저 변화시켰더라면…."

영국의 웨스트민스터 대성당 지하에 있는 묘비명처럼 나는 주변과 세상이 변화되기를 꿈꿨었나.

"주여, 바꿀 수 없는 것은 받아들일 수 있는 평온함을, 바꿀 수 있는 것은 바꾸는 용기를, 그리고 그 차이를 구별하는 지혜를 주옵소서."

신학자 라인홀드 니버의 기도문처럼 지혜가 필요하다. 내려놓아야 함을 깨달았다. 스스로에게 가혹하고 엄격했던 원인인 너무 높은 기준과 이상을 내려놓고, 불공정하고 불공평한 상황과 조직과 사람들과 세상도 인정해야 한다. 안정을 추구하는 성향, 타인의 행복을 위한 과도한 책임감, 계획대로 돌아가길 바라는 기대, 아름다운 결말을 원하는 마음들도. 최선을 다하되 나머지는 내려놓고 또는 버리며 지켜볼 줄 알아야 한다. 계획대로 되지 않아도 과정을 즐기고 나에게 있는 것에 감사함을 배웠다.

쉼의 필요성과 중요성을 절감했다. 일은 항상 있고 끝나지 않는 종류의 것이니 힘들 땐 잘 쉬어야 한다. 그림을 그리다가 피곤하면 바로 붓을 내려놓는다는 지혜로운 모지스 할머니처럼 쉼과 일 사이의 균형을 잘 잡아야 한다. 또한 좋은 관계와 소통이 필요하다. 아름다운 방향으로 성장하고 발전하면서 서로를 응원하고 지지하는 성숙하고 긍정적인 사람들과 함께해야 한다. 기버(giver)와 상생의 마인드를 가진 사람들과의 만남이 필요하다. 또한 나와 같은 아픔을 겪은 이들을 공감할 수 있었다.

니체는 "위대한 인간이란 역경을 극복할 줄 아는 동시에 그 역경을 사랑할 줄 아는 사람이다."라고 했다. 여전히 사랑까진 어렵지만 역경에 대해 나는 나름대로 다음과 같은 정의를 내렸다.

역경은
새로운 세계로 들어가는 '문'이고,
세계를 확장 시켜주는 '도구'이고,
인생의 '거름'이고,
삶의 '재산'이며,

훗날 가장 멋진 '보석'이 되어 줄
아주 소중한 '원석'이다.

- 「역경」, 김세희

    번아웃이 아니었다면 지금까지 그래왔듯이 한 건물 안에서 충실하고 성실하게 살고 있었을 것이다. 새로운 세계를 탐험하고 여행할 생각은 하지도 못한 채 말이다. 호기심이 있는 편이지만 안정감과 인내라는 더 강한 성향이 언제나처럼 뒤에서 나를 잡아끌었을 것이다. 도저히 견딜 수 없고 미칠 지경으로 조여오는 번아웃으로 나는 새로운 '문' 손잡이를 용기 있게 돌릴 수 있었다. 숨이 쉬어지지 않을 정도로 압박해 오는 번아웃이라는 '도구'는 확장에 대한 열망의 한 발을 거침없이 내딛게 했다.

    번아웃이라는 뜨겁고 괴롭고 슬프고 절망스러웠던 강력한 태풍은 나에게 '거름'이었다. 더 건강하고 단단하게 성장하도록 주저 없이 나에게 뿌려졌다. 균형 있는 삶의 정의가 글이 아닌 직접 경험으로 스며들더니 내 안에 선명하게 각인되었다. 번아웃에 시달린 1년이라는 시간은 평생 잊을 수 없는 '재산'이다. 번아웃은 고통과 좌절과 슬픔과 절망과 분노와 허무라는 투박하고 울퉁불퉁하며 뾰족한 '원석'의 얼굴로 다가와 경험과 깨달음과 확신과 발전과 성장과 확장과 지혜의 반짝이고 아름다운 '보석'으로 변모했다.

    과거는 서툴고 낯설었지만 성실하게 응축된 시간과 열정의 합이었다. 과거가 아름다운 조각들의 합으로 다각도에서 빛나고 있었다. 이제 인생

2막을 출발해 보려고 한다. 살아 보지 않은 2막 또한 서툴고 낯설고 흔들릴 것이다. 그러나 그 서툶과 낯섦을 지나가며 계속 성장하고 발전하고 더욱 성숙하고 지혜로워질 것이라 기대된다.

"이제 그 재능을 다시 쓸 때 되지 않았을까요?"
"오래 쉬시기엔 아까운 재능을 가지고 계시니 얼른 복귀하셔야죠."

지인들이 말했다. 슬슬 다시 써 볼까 한다. 그러나 예전과는 다르게 쓸 계획이다. 더 지혜롭고 균형 있게, 느리고 게으르게 쓰련다. 아주 비싼 수업료를 치르고 배운 거다. 결과적으로 만족스러운 부분들이 있지만, 과정이 쉽고 아름다웠다고는 결코 말할 수 없다. 다시 겪으라면 글쎄, 선뜻 손 흔들며 환영하지 못하겠다. 지금이야 덕분이라며 아주 아주 조금, 살짝, 겨우, 미소 지을 수 있지만. 의미 있고 아름다운 것은 쉽게 얻어지는 게 아니다. 앞으로의 인생길에도 흔들리는 날들이 있을 것이다. 태풍이란 한 번만 오는 게 아니므로. 그러나 큰 태풍을 만나서 사정없이 흔들리고 쓰러지고 다치고 무너져 본 사람은 작은 바람 앞에서는 떨지 않는다.

오뚜기는 중심이 무거울수록 좌우로 덜 흔들린다. 조금 더 무거워진 중심을 가지고 살아갈 앞으로의 여정과 삶이 기대된다. 또한 마음과 진심을 가득 담아 응원하고 싶다. 번아웃 태풍을 만나기 직전인, 만나는 중인, 한 가운데 있는, 결국은 잘 통과하고 통과할, 더 강하고 단단해진 멋진 모습으로 복귀할 아름다운 당신과 당신의 빛나는 미래를. 그리고 흔들리고 쓰러지고 무너져 엎드러진 자리에서 따스하고 포근한 작은 빛 하나가 당신의 마음에 새롭게 비치고 피어나기를 두 손 모아 소망한다.

부록 5 셀프 레터 – 나에게 보내는 마음

여기까지 달려오느라 쓰러지고 무너진 나에게 편지를 보내 보세요.
나는 그 어떤 이보다도 '나' 자신의 이야기를 기다리고 있을 거예요.

에필로그

"그대는 참 멋진 사람입니다."

번아웃을 만난 그대여
바보 같았다고
너무 순수했다고
자신을 잘 관리하지 못했다고
자책하지 않기를
자신을 구박하지 않기를
매섭게 꾸짖지도 말기를

번아웃을 만났다는 건
세상과 일과 타인과 자신에게
열정적이었다는 증거이니
그토록 아름답고 멋진 자신을
자랑스러워하고
알아주길 바라요

번아웃의 휘몰아치는 태풍 속에서
존재하는 것만으로도 충분히 버거운 그대여
서 있기 힘들면 앉아도 괜찮고
그마저도 어려우면 누워도 좋으니

세상에 하나뿐인 자신을
깊이 만나고 마주하기를
그러면 그대의 입가에
희미하게 빛나는 미소가 떠오를 거예요

애정과 기쁨을 가득 담아 추천사를 써주신 존경하는 전문가분들과
성실한 삶으로 귀감이 되어주신 향기로운 천사들과
따스한 우정을 나누어 준 친구들과 존재 이유인 가족과
부드러운 소통으로 동행해 주신 미다스북스 출판사
편집자님과 관계자분들과

큰 나무처럼 한결같은 응원을 아낌없이 보내 주는
인생의 동반자이자 동역자인 남편과
본질을 꿰뚫는 말로 영감을 주는 보석같이 귀한 선물인 세 자녀와
모든 순간에 함께 하셨고 앞으로도 영원히 함께 하실
가장 사랑하는 나의 아버지 하나님께
말로 다할 수 없는 감사를 드립니다.

"당신의 마음에 빛이 비치기를"

김세희